EXPOSÉ DES MESURES ADMINISTRATIVES

A PRENDRE

POUR ASSURER L'EFFICACITÉ DE LA LOI DU 23 MARS 1855,

SUR LA TRANSCRIPTION,

Et corriger les Inconvéniens auxquels elle n'a pas eu pour Objet de remédier.

EXPOSÉ

DES MESURES ADMINISTRATIVES

A PRENDRE

Pour assurer l'Efficacité de la Loi du 23 Mars 1855,

SUR

LA TRANSCRIPTION,

ET CORRIGER LES INCONVÉNIENS AUXQUELS ELLE N'A PAS EU POUR OBJET
DE REMÉDIER.

PAR L.-J. ALLARD,

Notaire à Parthenay, Président de la Chambre des Notaires de l'Arrondissement.

PARIS,

IMPRIMERIE ET LIBRAIRIE GÉNÉRALE DE JURISPRUDENCE,

COSSE ET MARCHAL, IMPRIMEURS-ÉDITEURS,

Libraires de la Cour de Cassation, Place Dauphine, 27.

NIORT,

COUQUAUX, Libraire, rue Saint-Jean, 6.

1857.

EXPOSÉ DES MESURES ADMINISTRATIVES

A PRENDRE

POUR ASSURER L'EFFICACITÉ DE LA LOI DU 23 MARS 1855,

SUR LA TRANSCRIPTION,

Et corriger les Inconvéniens auxquels elle n'a pas eu pour Objet de remédier,

———————

Nous avons exposé ailleurs (1) en quoi consiste la publicité spéciale qui résulte de la transcription des actes translatifs de propriété immobilière sous l'empire du Code Napoléon ; nous avons caractérisé alors d'après les faits de pratique les avantages de ce moyen de publication ; la transcription nous paraissant bonne à conserver (2) dans sa destination, nos réformes hypothécaires, quoique demandées pour être sanctionnées par une loi, pouvaient comme aujourd'hui s'accomplir administrativement ; par la promulgation de la loi du 23 mars 1855, cette formalité n'a pas cessé, entre les parties contractantes, d'être le premier acte de la purge et de produire les mêmes effets ; ce n'est qu'à l'égard des tiers que la théorie du Code

(1) *Réforme hypothécaire* formant la préface de notre ouvrage de la *Forme des Actes*, page 68.

(2) *Réforme hypothécaire*, page 84.

que nos observations auraient l'honneur d'un sérieux examen, mais les travaux de cette Commission ne devaient pas aboutir ! Lorsqu'après la révolution de 1848 on s'occupa de projets hypothécaires, nous ne négligeâmes pas de faire remettre quelques exemplaires de notre ouvrage aux autorités compétentes, et d'exposer sous un nouveau jour la combinaison et le mécanisme des simples mesures sans lesquelles la transcription nous semblait impuissante pour faire disparaître les inconvéniens signalés par les réformateurs ; nous allons démontrer ici que la nouvelle loi, qui ne porte aucune empreinte de nos aperçus, justifie complétement nos prévisions.

Sous l'empire de la loi du 23 mars 1855, la mutation de propriété entre les parties s'opère toujours par leur consentement mutuel ; à l'égard des tiers, au contraire, elle n'a lieu que par la transcription de l'acte sur un registre de la conservation des hypothèques. Il existe par conséquent un double principe (1). De là des avantages et des inconvéniens.

(1) Tout en considérant la nécessité de la transcription à l'égard des tiers comme une première satisfaction donnée par le législateur, notre opinion n'était pas favorable au double principe (*Réforme hypothécaire*, page 6) : nous allions plus loin ; nous demandions (*Réforme hypothécaire*, pages 59 et suivantes) la nullité de l'acte à défaut d'accomplissement d'une formalité substantielle en faisant cette observation :

« Il est à remarquer que cette prescription n'est pas contraire au
« principe philosophique, qui veut que la propriété soit transférée
« entre les parties, par le seul consentement. La nullité absolue et
« de forme qui atteindrait l'acte, n'influerait aucunement sur le
« contrat certifié. Celui-ci subsisterait encore dans son état normal
« et propre, mais dégagé de la force extérieure que l'instrument
« lui prêtait, alors que celui-là serait censé n'avoir jamais existé. »

« Nous disons que cette réforme, entièrement dans l'esprit des
« lois qui se sont succédées, est réclamée par la morale et l'ordre
« public. Nous citons un passage topique et spécial pour en admi-

Les avantages de la transcription consistent dans la diminution du temps d'incertitude pendant lequel un acquéreur ou un créancier hypothécaire pouvait autrefois craindre une mutation antérieure, et dans la facilité qu'il a de requérir maintenant, avant et après la transcription de son acte, la copie des transcriptions opérées sous le nom de son traitant. Ces avantages seraient fort appréciés sans doute, si toutes les mutations et tous les prêts hypothécaires avaient une grande importance, mais pour des milliers d'actes qui consacrent des intérêts au-dessous de mille francs, et même pour beaucoup d'autres qui en consacrent de plus importans, ils sont nuls et deviennent fort onéreux. Ces petits actes, en subissant la loi commune, ne sont ni précédés ni suivis de la demande des états d'inscriptions et de transcriptions (1)

« nistrer la preuve irréfragable : *Quant au Code civil, (disent*
« *MM. Championnière et Rigaud, contrôleur de l'enregistrement,*
« *n° 7,074, après avoir parlé des législations antérieures, est-il*
« *donc vrai que les contrats se forment par le consentement, sans*
« *qu'il soit besoin d'en rédiger acte ? Oui, sans doute, en théorie,*
« *mais en réalité, et pour les tribunaux, partie vivante et active*
« *de la loi, il en est autrement. L'article 1341 du Code civil, en*
« *exigeant qu'il soit passé acte de toute chose excédant la valeur*
« *de 150 francs, modifie singulièrement le principe ; il en résulte*
« *que quiconque contracte, avec l'intention de s'assurer l'exécution*
« *de la convention, est dans la nécessité d'en passer acte, s'il ne*
« *veut pas abandonner ses droits au hasard des exceptions et des*
« *conjectures.* La Cour royale d'Agen (Documens officiels, tome Ier,
« p. 119) expose aussi qu'il n'est pas exact de dire que le Code
« civil donne au consentement seul le pouvoir de transférer la pro-
« priété. »

(1) Les états de transcriptions, ou *copies collationnées des actes transcrits*, sont de deux sortes, savoir : ceux de transcriptions d'actes translatifs, et ceux de transcriptions de saisies immobilières. La réquisition des états d'inscriptions et de transcriptions donne lieu à la délivrance de trois états séparés sur des feuilles de timbre différentes.

qui, seuls (1), constituent la publicité si hardiment proclamée comme l'un des attributs de la simple transcription ; par conséquent, les parties qui y figurent ne profitent aucunement de la faveur qui leur est accordée ; elles sont naturellement retenues, malgré toutes leurs craintes de se renfermer ainsi dans une douteuse sécurité, quand elles en viennent à supputer les chances défavorables en regard de frais dont elles ignorent le montant jusqu'à la fin, et qui, toujours élevés, peuvent être considérables, excéder même la valeur pour raison de laquelle ils seraient faits (2). Cette objection contre la transcription nous pa-

(1) Ce n'est rien d'avoir fait transcrire un acte, d'avoir pris une inscription sur un immeuble, si l'on ne s'assure pas, par la réquisition des états d'inscriptions et de transcriptions quelles sont les charges qui grèvent cet immeuble, quels sont les faits qui en prohibent la mutation, et quels sont les droits du vendeur ou de l'emprunteur à sa propriété ; car, ainsi que nous l'exprimions, page 69 de la *Réforme hypothécaire*, la transcription est la *copie littérale et morte* d'un acte translatif de propriété d'immeubles sur un registre de la Conservation des hypothèques, où elle reste enfouie. Contrairement à ce qui s'est pratiqué, en exécution de l'article 4 de la loi du 19 septembre 1790, créative de la transcription, portant que les greffiers chargés de la formalité dans les pays de nantissement, seraient tenus de communiquer les registres sans frais aux requérans, il est aujourd'hui défendu aux conservateurs de donner ou de laisser prendre des notes sur les registres ; ils doivent en refuser la communication (Instru. 116 ; ils sont seulement tenus de délivrer *copie entière* Solut. du 19 décembre 1851 ; - Instru. 24 novembre 1855) des actes transcrits en les expédiant comme les actes notariés sur timbre de dimension à 1 fr. 25 centimes (Déc. min. des finances, 10 février 1807 ; - M. Herviea, ancien conservateur des hypothèques et rédacteur en chef du Journal des Conservateurs, *Résumé de jurisprudence, de législation et de doctrine sur les privilèges et hypothèques*, pages 108 et 115 .

2 Les frais de transcription et d'états d'inscriptions et de transcriptions sont les mêmes pour un acte de 20 francs que pour un acte de 200,000 francs, en droit fixe, décimes de ce droit, salaires et timbres ; ces frais augmentent en raison de la longueur des actes, et surtout du nombre des vendeurs et des anciens propriétaires contre

raîtrait de la dernière gravité et de nature à en saper tôt ou tard les fondemens, si le gouvernement ne pouvait pas, moyennant un simple salaire et sans aucun préjudice pour le trésor public, autoriser les conservateurs à délivrer (1) *copie textuelle du compte ouvert* (2) pour les transcriptions et pour chaque individu au *répertoire* (3), sauf

lesquels les états et certificats négatifs sont délivrés, comme aussi du nombre des inscriptions et des transcriptions que ces états comprennent ; ces frais peuvent se monter de 12 francs à une somme qu'il n'est pas possible de préciser, et qui peut être de plusieurs fois plus importante, même pour la mutation dont le prix serait le moins élevé.

(1 Si les choses se passaient ainsi, on ne serait jamais exposé, en demandant un état de transcriptions, à se voir délivrer à grands frais la copie des 20 actes de la vente en détail d'un domaine, et cela pour apprendre si le vendeur est toujours propriétaire de cet immeuble, petite curiosité, non-seulement pardonnable mais nécessaire, qui peut coûter plus de 100 francs. M. Paul Pont, dans son *Commentaire-traité sur les privilèges et hypothèques*. n° 269, expose en ces termes la même situation : « Si l'emprunteur n'a « conservé qu'une partie du domaine, s'il l'a morcelé et en a vendu « une partie par parcelles, à 8, 10, 12 acquéreurs, ou à un plus « grand nombre encore, voilà que le prêteur va être obligé de se « faire délivrer la copie des 8, 10, 12 contrats, ou plus encore, et « cela uniquement pour savoir ce qui reste de la propriété à l'em- « prunteur ! »

(2) C'est la délivrance de cette même copie du compte ouvert pour les transcriptions (ce qu'il appelle Etat par extraits) que M. Pont demande, n° 269, pour conjurer l'un des inconvéniens de cet état de choses ; il se fonde sur les termes d'un discours de M. Duclos au Corps législatif, et sur l'adhésion tacite qui les a accueillis pour établir que, malgré l'instruction contraire du 24 novembre 1855, les conservateurs doivent délivrer les états par extraits.

(3 M. Hervieu nous apprend ce que c'est que le *Répertoire* dans son ouvrage sus-mentionné : « Le *Répertoire* des créances hypo- « thécaires étant le seul document que le conservateur doive con- « sulter pour la délivrance des états d'inscriptions et pour celle des « copies collationnées, il lui importe de le tenir journellement au « courant ; sa responsabilité lui fait un devoir de s'assurer *tous les* « *jours* que les transcriptions et les inscriptions ont été portées aux

aux requérans à demander après, et suivant la nécessité, la copie des actes transcrits; s'il n'avait pas la faculté, non pas d'abaisser le tarif des formalités, ce qui changerait peu la condition des petits propriétaires, qui sont les plus nombreux et forment plus des deux tiers (1) de tous les vendeurs, mais de faire payer au moment de la transcription, en exécution d'une loi à intervenir, un droit proportionnel en sus de celui qui se perçoit aujourd'hui à l'enregistrement, de manière à pouvoir compenser les frais avec cette augmentation, et à remplir ensuite les formalités de transcription et de délivrance d'états sans rien faire payer pour droits fixes, salaires et timbres; c'est par un tel procédé qu'il sera facile de détruire l'objection et d'arriver à la péréquation de cet impôt indirect.

Un autre inconvénient très grave dérive des effets que, dès longtemps, l'on a attribués à la transcription, et qui paraissent toujours être les mêmes (M. Troplong, *Commentaire de la loi du 23 mars 1855*, n°* 164 et s.); nous voulons parler de la purge opérée par la transcription

« comptes ouverts. Il faut éviter avec soin de confondre dans la
« même case le nom de plusieurs individus, quand même il s'agirait
« de co-héritiers, co-débiteurs ou d'époux ; chacun doit avoir un
« compte ouvert distinct et séparé, seul moyen d'éviter les erreurs
« et de rendre les recherches promptes et faciles.

« Chaque case du répertoire se divise en deux parties : celle placée à gauche présente, sous le nom de chacun des intéressés,
« tous les actes transcrits, ainsi que les saisies, dénonciations, et
« les diverses mutations faites en marge de la transcription de la
« saisie ; la partie droite indique le volume, le numéro, la date et
« le montant de chaque inscription ; une colonne est réservée pour
« indiquer les divers changemens survenus dans les inscriptions. »

(1) En 1841 Documens officiels, tome III, pages 524-528, les ventes d'immeubles de 600 fr. et au-dessous ont été

	de	701,021	dont transcrites	85,959
Celles d'immeubles de 600 fr. à 1,200 fr,	de	162,503	id.	18,360
Et celles d'immeubles au-dessus de 1,200 fr.,	de	195,917	id.	37,458
Totaux		1,059,441		141,777

d'un dernier acte à l'égard de ceux antérieurs, qui n'ont pas subi cette formalité ; trois systèmes différens existent à ce sujet : le premier veut que la purge ne s'opère que par la transcription de tous les actes ; il conduit à la certitude et fait disparaître tout inconvénient, mais il n'a pas prévalu ; le second n'exige que la transcription du dernier acte ; il est soutenu par la jurisprudence de la cour suprême, et peut être la cause de nombreuses déceptions ; enfin, le troisième veut que la transcription du dernier contrat suffise s'il mentionne exactement les anciens propriétaires, et que tous les actes antérieurs soient transcrits avec lui s'il ne les nomme pas ; il est professé par M. le premier président Troplong et plusieurs auteurs très estimés ; il recevrait une application rationnelle et salutaire, si, dans la manutention hypothécaire, les conservateurs indifférens jusqu'à ce jour à cette doctrine, étaient obligés d'y avoir égard et de relever (1), avec le

(1) C'est ce que nous demandions en ces termes dans notre ouvrage *de la Forme des Actes*, page 495 : « La distinction faite par « MM. Troplong, Grenier, Delvincourt, fort juste et fort appréciable « en théorie, n'a jamais rien produit de mieux en pratique que le « système de la Cour suprême ; il n'est pas un conservateur qui se « soit ingéré de répondre au vœu de ces savans interprètes de la « loi, en divisant les effets de la transcription et en établissant, « sous le nom de chaque précédent propriétaire, la simple mention « de cette transcription qui, pour n'être pas de son fait, ne vaut « pas moins, à son égard, celle du titre où il a contracté et qui « l'eut enfantée. C'est en obligeant les conservateurs à procéder « ainsi sous une étroite responsabilité, qu'on conciliera les intérêts « de toutes personnes avec le besoin d'économiser les frais qui pèsent « sur le dernier acquéreur qui veut purger. »

Cette manière de procéder serait excellente pour arriver à la connaissance des mutations antérieures, mais la transcription du titre du dernier vendeur ne suffisant pas pour conserver les privilèges des précédens, quand même leurs noms seraient établis dans ce dernier acte (C. cassation, 14 janvier 1818 ; M. Troplong, hyp., tome 1er, no 284), non plus que les actions résolutoires (art. 7 de la

même soin que pour l'acte transcrit, et sur les mêmes
table (1) et répertoire, tous les renseignemens relatifs aux
mutations et actes intermédiaires, afin de pouvoir, le cas
échéant, attester leur transcription ainsi faite en abrégé;
car ce qui constitue précisément l'inconvénient dans ces
deux derniers cas, c'est que les vendeurs intermédiaires
ne paraissant pas dépouillés, puisqu'aucune transcription
n'est mentionnée (2) sous leurs noms, à la conservation

loi du 23 mars 1855 , elle laissera toujours à désirer lorsque les
prix des ventes successives seront encore dus; de là un motif puis-
sant pour rendre la transcription obligatoire.

(1) « La *table* du répertoire .dit M. Hervieu, page 480) doit être
« constamment tenue au courant. Il faut éviter que la même per-
« sonne ait plusieurs comptes ouverts au *répertoire*.

« La table du répertoire est, on peut dire , la base principale des
« opérations des conservateurs; elle est indispensable pour leur sé-
« curité et pour faciliter les recherches.

« Le temps et l'expérience ont démontré qu'il ne suffisait pas que
« cette table fut dans la forme d'un dictionnaire , qu'il convenait
« surtout que chaque nom propre eut sa série distincte et séparée.
« Il importe dès lors d'éviter toute confusion dans les noms.

« Ainsi, pour rendre les recherches faciles et profitables, on doit
« observer indéfiniment l'ordre alphabétique dans le classement et
« la distribution des noms propres. Indépendamment (page 481) de la
« table du répertoire, l'administration a prescrit la tenue d'un *regis-
« tre indicateur* par ordre alphabétique de tous les noms patrony-
« miques inscrits au répertoire lors de la formation de la table.
« (Instru. 1855 et 1852.) »

(2 M. le premier président Troplong, par présomption d'une
pratique éclairée et paternelle, suppose le contraire dans son Commentaire de la loi du 23 mars 1855 , nᵒˢ 169 et suivans; ce fait une
fois vérifié contre lui, sa discussion justifie en tous points nos
appréhensions ; or, M. Bandot, ancien conservateur des hypothèques , dans son *Traité des Formalités hypothécaires* , nᵒ 1055,
5ᵉ édition, se faisant l'interprète de ce qui est de notoriété parmi
les hommes d'affaires, l'atteste en ces termes :

« Sur les registres des conservations, on ne constate pas les
« diverses mutations désignées dans l'origine de la propriété. On
« inscrit la vente ou l'acquisition seulement au chapitre des parties
« contractantes dans l'acte, c'est-à-dire du vendeur et de l'acqué-

des hypothèques, peuvent abuser de cette fâcheuse situation, qui se trouve ainsi légalement tolérée. Par suite, toutes les réquisitions faites par des tiers au conservateur, avant de prêter, acquérir, renouveler des inscriptions ou connaître le délai d'une prescription de privilège ou d'hypothèque, ne conduisent qu'à la délivrance trompeuse de certificats négatifs de transcriptions ; voilà comment ils sont induits en erreur (1).

Jusqu'à présent, nous avons tout envisagé à ce point de vue d'arriver par la transcription et surtout par les réquisitions d'états, à l'aide des modifications signalées, à la certitude d'une mutation incommutable ; nous allons montrer maintenant que la transcription ne donne pas, par elle-même, cette certitude malgré la plus grande vigilance et les plus minutieuses précautions. Le système hypothécaire en vigueur n'offre pas de moyens pour empêcher que deux actes translatifs du même immeuble ou des mêmes droits réels ne soient faits et transcrits le même jour ; ne soient faits le même jour et transcrits à des jours différens ; ne soient faits à des jours différens et transcrits le même jour (2) ; que des inscriptions ne

« reur ; par conséquent, il ne reste aucune trace des ventes anté-
« rieures, si elles n'ont pas été transcrites. La transcription du
« 3ᵉ contrat sous les noms de *secundus* et de *tertius* ne peut donc
« rien m'apprendre par rapport à *primus*, premier vendeur et mon
« débiteur. Si je demande au bureau des hypothèques si *primus* a
« vendu tel immeuble, on certifiera qu'il ne résulte d'aucun acte
« transcrit que cette vente ait eu lieu. »

(1) Cet état de choses, qui a été traité par M. Ducruet, président de la chambre des notaires de Lyon (*Etudes sur la transcription*, page 15, nᵒ 14), préoccupe à juste raison tous les notaires.

(2) Les solutions à donner à certains cas de concurrence qui naissent de la loi du 23 mars 1855, prêtent à la controverse ; elles sont diversement traitées par M. Troplong, nᵒˢ 492 et suivans ; — M. Gressolles, nᵒˢ 42 et suivans ; — MM. Rivière et Huguet, nᵒˢ 204 et suivans ; — M. Ducruet, nᵒ 14 *bis* ; — M. Grosse, nᵒˢ 120 et suivans, et ren-

soient inutilement prises sur des biens légalement trans-
férés ; pour empêcher, en un mot, que la mutation ne
soit le prix de la course (M. Grosse, nos 121, 122),
et qu'une rivalité, soit apparente, soit occulte, n'occa-
sionne à un premier ou à un deuxième acquéreur la
perte sèche de frais considérables. Or, non seulement
ces cas sont possibles, puisque deux faits l'ont déjà
prouvé dans le département des Deux-Sèvres, mais ils
peuvent même devenir fréquens par la nature même
des choses.

En effet, malgré la bonne opinion que la plupart des
publicistes ont de l'espèce humaine et de la bonne foi qui
règne le plus ordinairement dans les transactions, et celle
que nous avons nous-même, nous ne pouvons nous laisser
entièrement séduire par les vives et admirables couleurs
du tableau qu'ils nous font de la moralité générale. Nous
savons par expérience, et nos confrères diraient (1) comme
nous, que les cas de stellionnat (2), pour ne donner que

trent par conséquent dans le domaine des tribunaux qui, à leur
tour, peuvent être longtemps divisés d'opinion.

(1) Nous invoquons le témoignage de nos confrères, parce que
nul plus que les notaires, dont la juridiction gracieuse permet im-
punément de laisser percer le naturel, n'est à portée de mieux
connaître les faiblesses humaines et les artifices qui sont journellement mis en œuvre en matière de transactions, et qui rendent si
difficile et si ardu l'exercice des fonctions de notaire.

(2) Nous ne croyons pas qu'il y ait une seule étude de notaire où
il ne se présente bien plusieurs cas de stellionnat par an ; seulement, la plupart de ceux qui tentent de se procurer de l'argent à
l'aide de ce moyen frauduleux, échouent devant la circonspection
des notaires, motivée sur la défiance dont ces derniers se font une
loi, et qui consiste à rester dépositaire des fonds jusqu'après toute
vérification. Ces emprunteurs, lorsqu'ils ne sont pas insolvables,
sont ordinairement punis par le paiement de frais d'actes qui ne
leur servent à rien. M. Ducruet, page 19 ; - *De la Forme des Actes,*
pages 545 et suivantes.

rarement (1) lieu à des poursuites, n'en sont pas moins très nombreux; ils savent que ces cas existent le plus souvent en matièr e de prêt et de déclaration hypothécaire, ce qui paraît étonnant, quand on se préoccupe de la facilité avec laquelle on peut obtenir une certitude à l'égard du rang et de l'existence des charges hypothécaires, par l'examen d'un état complémentaire délivré dès le lendemain d'une inscription ou d'une affirmation; il faut même, pour s'en rendre compte, être appelé, par la nature de ses fonctions, à vivre au milieu des hommes qui mettent en action leur bonne ou leur mauvaise foi; mais, le fait étant avéré, on aperçoit par exemple de suite que l'on a pu spéculer de la façon la plus déplorable sur un jour d'incertitude et la confiance d'un aliénataire ou d'un prêteur; c'est, par conséquent là, un acte d'une audacieuse improbité (2).

Sous le Code Napoléon, les cas de stellionnat étaient plus rares en matière de double mutation que pour les prêts et déclarations hypothécaires; ils ne se présentaient

(1) Du moment que la poursuite d'un stellionnaire, le plus souvent insolvable, est une *action civile* qui a pour but d'obtenir contre lui l'exercice de la contrainte par corps, il est facile de comprendre qu'elle n'offre aucune garantie à celui qui en est victime, et qu'elle doit être excessivement rare, puisqu'elle entraine des frais et des avances dont le recouvrement est souvent impossible et toujours incertain; il en serait certainement ainsi de la répression des crimes, délits et contraventions, si elle ne donnait pas en même temps lieu à l'*action publique*, causant des frais qui sont avancés par le trésor public.

(2) Pour avoir une idée complète de cette audace, on peut consulter les conservateurs, qui sont, comme les notaires, les témoins ordinaires et irréfragables des fausses déclarations, et ils seront unanimes à dire que, dans leurs bureaux et à leur face même, ils voient souvent des individus soutenir faussement que leurs biens sont libres de toutes charges hypothécaires, ou qui déclarent ces charges moindres qu'elles ne sont réellement.

même que par un concours prémédité de circonstances très difficiles à prévoir et à circonscrire. La transmission qui s'opérait par la seule force du consentement, une fois connue et constatée par un écrit ayant date certaine, ne donnait lieu à aucun désir tardif et insensé d'avoir l'immeuble ainsi transféré. Au moment où l'on apprenait l'existence d'une opération de ce genre, il n'était déjà plus possible à un individu déchu et contrarié de rien entreprendre pour supplanter son heureux rival. Aujourd'hui, c'est le contraire : les ventes faites, qui entraînent toujours après elles les regrets de concurrens disposés par cela seul à payer davantage, et souvent même ceux de beaucoup d'autres qui ne pensaient d'abord pas à acquérir, peuvent n'avoir aucun effet si les ventes des mêmes domaines, conclues postérieurement, sont transcrites les premières (M. Troplong, nos 143, 153). Il est donc évident que jusqu'à la transcription utile de son acte, un acquéreur est à la merci de son vendeur, puisque celui-ci peut vendre à un autre qui se presse d'autant plus à faire transcrire, qu'il sait réussir par sa diligence. Pour aller plus vite, cet acquéreur passe un acte privé qu'il fait enregistrer et transcrire dans un seul jour, même quand le bureau et la conservation ne sont pas réunis ; il n'ignore pas, d'ailleurs, que le premier acquéreur a passé un acte authentique, que cet acte doit être inscrit au répertoire notarial, contresigné par un collègue, enregistré à 16 kilomètres de la résidence du notaire ; que ce notaire, qui a 15 jours pour faire enregistrer cet acte, usera raisonnablement de son droit en n'envoyant que périodiquement au bureau ; que l'expédition de l'acte enregistré doit être transcrite à la conservation des hypothèques de son arrondissement, qui se trouve à 25 kilomètres du côté opposé au bureau d'enregistrement, et que, conséquemment il a toutes espèces de chances pour arriver le premier (1). Du reste, il n'aurait pas besoin d'être dans des conditions aussi favorables et aussi ordinaires pour réussir ; il est incontestable que, par le moyen d'un acte privé, il peut triompher de la vigilance d'un notaire résidant au chef-lieu d'arrondissement, alors même que celui-ci, se défiant de la loyauté du vendeur, cesserait toute affaire pour se consacrer à la réalisation complète de l'opération ; sa situation est bien meilleure encore lorsque le notaire n'a aucun sujet de précipiter l'accomplissement des formalités d'enregistrement, d'expédition et de transcription.

Il ne faut pourtant pas conclure, de ce qui précède, que les actes privés ainsi transcrits les premiers doivent nécessairement être considérés comme frauduleux et annulables ; on est malheureusement forcé, dans l'intérêt des vendeurs et des acquéreurs, de les apprécier au contraire pour les cas fréquens où les objets des mutations sont des biens saturés d'hypothèques. Il ne serait pas convenable d'exposer, en les proscrivant, les propriétaires ainsi grevés, à l'imminence d'une expropriation qui résulterait de la crainte d'acquérir et transcrire tardivement, et de perdre alors les frais d'actes authentiques qui, ne pouvant être supprimés à l'instant d'une révélation salutaire, subiraient l'enregistrement (2) et entraîne-

(1) M. le rapporteur du Sénat (Rapport du Sénat, page 21) présente un calcul d'après lequel le mode de procéder pour la transcription exige, pour une vente de 200 francs, des frais représentant le revenu net de l'immeuble pendant quatre ans et demi, et des voyages équivalant à un seul de 80 kilomètres.

(2) Bien que la vente de la chose d'autrui soit nulle (C. N. 1599) et ne puisse donner lieu à l'exigibilité du droit de vente (MM. Championnière et Rigaud, *Traité des Droits d'enregistrement*, n° 2028), ce droit se perçoit sans égard à la nullité dont l'acte est entaché, et la jurisprudence contradictoire de la Cour de Cassation sur cette question n'offre même aucune certitude de restitution (MM. Cham-

raient les autres frais d'une mutation sérieuse et juste.
D'un autre côté, il y a une certaine tolérance nécessaire
dans le moyen de reconnaître et dans la manière d'admettre le fait de mauvaise foi en cette matière :

« On ne peut accuser de fraude (dit la Cour de Cassa-
« tion dans un arrêt rendu le 3 thermidor an XIII, par
« application de l'article 26 de la loi du 11 brumaire
« an VII) celui qui achète un immeuble qu'il avait pu
« savoir déjà vendu à un autre, tant que cette première
« vente n'est pas transcrite, et, conséquemment, qu'il n'y
« a pas eu translation de propriété ; car il n'y a pas fraude

pionnière et Rigaud, *Introduction au Dictionnaire des Droits d'enregistrement,* pages 38 et suivantes ; – *Supplément au Traité,* n° 353.)
Pour prévenir la perte des droits de mutation perçus sur chaque
contrat, M. Ducruet, n° 15, expose qu'il serait convenable d'insérer dans tous les actes une clause qui suspendrait l'effet de l'aliénation. Cette clause suspensive nous étant familière depuis que nous
en avons développé le principe et les effets (*de la Forme des Actes,*
pages 556 et suivantes), nous l'avons appliquée dans le même esprit
presqu'au lendemain de la mise à exécution de la loi du 23 mars
1855, et dans un cas où la position du vendeur nous inspirait des
craintes sur le fait d'une double mutation. M. Ducruet rédige la
clause en ces termes :

« Les présentes seront transcrites dans un délai de quinze jours
« au bureau des hypothèques de la situation des biens. Leur effet
« sera suspendu *entre les parties contractantes* jusqu'à l'accomplis-
« sement de cette formalité et subordonné à la condition que lors de
« la transcription, il n'existera pas d'acte antérieurement transcrit
« qui puisse empêcher l'exécution entière du présent contrat à l'égard
« des tiers.

« Cette condition suspensive a pour but de pourvoir à la conser-
« vation des droits transmis à l'acquéreur comme à celle du privilège
« du vendeur. »

Malheureusement, et à l'exemple de ce qui est arrivé pour des
clauses qui ont existé comme étant l'expression d'un besoin social,
l'importance et la vertu de celle-ci s'affaibliront peut-être par la
généralisation de son emploi lorsqu'on pourra lui reprocher d'être
passée à l'état de style dans le notariat.

« à profiter d'un avantage offert par la loi, et c'est au
« premier acquéreur à s'imputer à lui-même sa négligence,
« s'il n'a pas usé d'une égale diligence pour faire trans-
« crire son acte. »

Il est à regretter que, par une conséquence rigoureuse
et naturelle de la loi du 23 mars 1855, on soit conduit à
établir de la sorte, pour des cas spéciaux, une fâcheuse
préférence de l'acte privé sur l'acte authentique. Cette
ressource expéditive, qui se trouve ainsi inhérente à la
loi, est contraire à l'esprit dans lequel elle a été faite (1);
le législateur n'a pas entendu admettre l'acte privé à la
transcription, avec l'intention d'atténuer la prédomi-
nence (2) partout si marquée et toujours si importante de
l'acte authentique; aussi, lorsque ces actes seront en
concurrence par le fait d'une double mutation, il y aura
lieu d'en apprécier la valeur respective au contact de la
bonne foi (M. Troplong, n° 190); seulement, la chose
difficile pour les magistrats sera toujours, et comme en
toutes conjonctures où ils peuvent se guider par les pré-
somptions, de découvrir l'entière vérité.

Nous constatons également à regret les avantages évi-
dens dont les notaires des chefs-lieux d'arrondissement
et de département sont appelés à jouir sur ceux résidant
dans les cantons; nous trouvons, à ce point de vue, un
motif de concurrence entre des actes de même nature;
la rapidité avec laquelle ces actes peuvent être passés,
enregistrés, expédiés et transcrits, lorsque les parties
s'adressent à des notaires qui ont sous la main le bureau

(1) Voir à ce sujet tout ce qui est relatif à la discussion de la loi
à la Chambre législative et au Sénat.

(2) Argou, Inst., liv. III, chap. XXIII; M. Troplong, n° 521; —
MM. Championnière et Rigaud, *Introduction au Dictionnaire*,
page 18; — M. Pont, n° 266; — M. Bressolles, 105; — *de la Forme
des Actes*, pages 67 et suivantes.

de l'enregistrement et la conservation des hypothèques, devient nécessairement une cause de choix. Sous ce rapport, tous les notaires pourraient être mis sur le pied d'une égale faveur en fixant, par imitation de ce qui est prescrit pour l'enregistrement par la loi du 22 frimaire an VII, et pour mettre ainsi les deux lois en harmonie, un délai pendant lequel leurs actes pourraient être utilement transcrits, ce qui aurait l'avantage de conserver à l'acte authentique sa supériorité.

Maintenant que nous avons effleuré quelques-uns des inconvéniens qui subsistent avec la loi du 23 mars 1855, et que nous avons indiqué des modifications dont certaines ne seraient que des palliatifs insuffisans, nous allons montrer par quels procédés ces inconvéniens et bien d'autres peuvent être détruits.

En l'absence d'une sanction plus sévère, nous demandons que la connaissance acquise de l'existence d'un acte soit une raison d'annuler pour fraude, lorsque cette fraude serait invoquée, l'acte postérieur qui lui serait contraire et se trouverait ainsi nuire, même d'une manière indirecte, au créancier ou à la partie qui aurait traité par le premier ; nous demandons, en un mot, une application assez étendue du principe écrit dans l'article 1167 du Code Napoléon, en fournissant les élémens nécessaires pour découvrir la fraude partout où elle pourrait se présenter. Ceci posé, il nous est facile de constituer en mauvaise foi quiconque ferait ainsi des actes au préjudice de quelqu'un, et d'empêcher les manœuvres qui tendent ordinairement à cacher ou à obscurcir la vérité.

Ainsi que nous l'avons longuement expliqué dans la préface de notre ouvrage : *De la Forme des Actes* (p. 14 et s.), nos procédés consistent uniquement : 1° à approprier aux besoins du public et de l'administration, les *sept tables actuelles* (1) qui se tiennent journellement au courant dans chaque bureau d'enregistrement, et qui forment un système de publicité (2) en plein exercice, datant de plus de 50 ans, et fonctionnant dans un but d'investigation purement fiscale ; 2° et à établir, suivant une invention toute simple qui nous est propre, ce que nous appelons la *matricule*, pour servir à justifier l'identité ou l'individualité des personnes. Pour mieux nous faire comprendre dans les développemens du système et dans les résultats que nous pouvons en obtenir, nous allons monter ici, par un exemple, les registres de cette nouvelle forme de manutention.

(1) Nous avons détaillé (*Réforme hypothécaire*, pages 19 à 84) les différens actes qui s'inscrivent sur ces tables, et développé les raisons qui justifient ces inscriptions ; nous nous contenterons de dire ici d'une manière générale que les receveurs d'enregistrement inscrivent sur ces tables : les mutations qui s'opèrent par ventes, adjudications, donations entre vifs, décès, échanges ou autrement ; les partages, les testamens, codiciles, donations éventuelles, dispositions à titre gratuit ou onéreux dont l'événement dépend du décès des parties ou de l'accomplissement des conditions sous lesquelles elles ont été faites ; les révocations et événemens par suite desquels les testamens, codiciles, donations et autres dispositions éventuelles deviennent caducs ; les baux à ferme et à loyer, les créances hypothécaires constituées à perpétuité ou à terme, les subrogations et radiations y relatives, les contrats de mariage, les actes de décès, les jugemens de déclarations d'absence, les appositions et levées de scellés, les tutelles et curatelles, les inventaires, les ventes de meubles après décès (Voir à ce sujet ce qui est imprimé en tête de chacune des dites sept tables dans les bureaux d'enregistrement).

(2) Nous appliquons ce mot à la connaissance de tous les documens que l'on peut acquérir par les bureaux d'enregistrement pour s'éclairer sur le fait d'une mutation en propriété, usufruit ou jouissance et sur beaucoup d'autres ; il est parfaitement convenable, quand on sait en quoi consiste, dans la pratique, la publicité qui résulte de la transcription.

TABLE ALPHABÉTIQUE

Tenue à l'instar de la table des conservations d'hypothèques, avec cette amélioration que la saine orthographe (1) des noms et l'identité des individus résultant
de la production des actes de naissance et de la fixité
du domicile, seront incontestables et empêcheront les
erreurs et confusions (2) journalières et préjudiciables
que les conservateurs les plus instruits et les mieux
entendus ne peuvent et ne pourront jamais éviter que
par l'établissement et l'application des mêmes principes.

(1) Voir nos observations sur l'absurde dicton populaire qui veut
que les noms propres n'aient pas d'orthographe et puissent être écrits
indifféremment d'une façon ou d'une autre (*de la Forme des Actes*,
page 167 et suivantes).

(2) On trouve ce qui suit dans l'ouvrage de M. Hervieu, page 152 :
« Lorsqu'il existe dans une localité plusieurs individus du même nom,
« portant le même prénom et ayant une profession analogue, le con-
« servateur ne peut se dispenser de porter, *nonobstant toute réqui-*
« *sition contraire*, dans l'état qui lui est demandé, les inscriptions
« prises contre l'un d'eux, par le motif que l'individu sur lequel il
« est appelé à certifier est désigné dans la réquisition par un surnom
« dont il n'est pas fait mention dans quelques inscriptions. » Nous laiss-
ons à penser ce qui arrive lorsqu'il n'y a ni *surnom* ni *réquisition
contraire*.

NOMS.	PRÉNOMS.	PROFESSIONS.	DEMEURES.	DOMICILES.	LIEUX DE NAISSANCE.	DATES DE NAISSANCE.	FOLIO DU REGISTRE MATRICULE.
A	Louis.	propriétaire.	M.	M.	N.	10 mars 1817.	1er.
B							
C							
D							
E	Radégonde.	sans profession.	M.	M.	N.	15 avril 1822.	2
F							
G	Stanislas.	avocat.	S.	S.	Q.	27 juin 1814.	3
H							
I							
J							
K							
L	Paul.	banquier.	R.	R.	R.	18 avril 1812.	7
M							
N							
O							
P							
Q							
R	François.	cultivateur.	Y.	Y.	Y.	10 mars 1817.	5
S							
T	René.	propriétaire.	M.	M.	S.	18 juillet 1817.	4
U							
V							
X							
Y							
Z	François.	propriétaire.	M.	M.	Q.	19 7bre 1810.	6

REGISTRE MATRICULÉ

REMPLAÇANT LES ANCIENNES TABLES (1),

Tenu en conformité du Décret Impérial en date du

Pour servir à toutes les personnes, propriétaires d'immeubles situés dans la circonscription du bureau de Q., ou y ayant leur domicile,

Et

Pour inscrire, soit au moment de leur enregistrement en ce bureau, soit le jour de la réception de chaque bulletin de renvoi, sur la feuille affectée à chaque individu et au-dessous de son immatricule,

Tous les actes, jugemens et arrêts relatifs aux personnes ou qui touchent indirectement à la propriété des biens, et tous ceux de nature à transmettre ou modifier la propriété ou la possession des meubles et immeubles, à influer sur leur valeur ou leur stabilité.

(1) C'est-à-dire les sept tables qui fonctionnent aujourd'hui dans un but fiscal, et alors que, réunies en une seule, elles rendraient de si grands services au public en devenant chose infiniment plus commode pour l'administration de l'enregistrement Ces tables sont d'énormes registres baptisés de ce nom.

A., Louis, *demeurant à* M., *né à* N., *le 10 mars 1817,
du légitime mariage de* A., Jean, *propriétaire, demeurant à*
N., *et de* B., Marie, *suivant son acte de naissance déposé en
ce bureau, ayant eu son domicile d'origine au dit* N., *mais
ayant ensuite fixé son domicile de choix à* M., *par acte ci-après
inscrit, l'un et l'autre lieux dans la circonscription de ce
bureau* (1).

MENTIONS MARGINALES.	INSCRIPTIONS.
Un premier extrait de la matricule a été délivré le 25 mars 1839. — Le receveur soussigné : D...	1. *Fixation de domicile à* M..., *par acte de* Me C..., *notaire à* M..., *en date du 25 mars 1839. — Inscrit au moment de l'enregistrement* (2) *par le receveur soussigné :* D...
Un deuxième extrait a été délivré par duplicata pour servir au mandataire	2. *Contrat de mariage sous le régime de la communauté passé devant* Me C..., *notaire à* M..., *le 19 février 1840. — Inscrit au moment de l'enregistrement par le receveur soussigné :* D...
	3. *Marié à* E... (Radégonde), *demeurant à* M.., *devant le maire de* N..., *le 20 février 1840.*

(1) L'immatricule consiste dans l'inscription du nom patronymique orthographié comme dans l'acte de naissance ou le jugement de rectification ; le nom changé sur autorisation ; le nom ajouté, soit par concession impériale, soit par suite d'adoption ; les prénoms dans l'ordre invariable qu'ils ont reçu ; les professions l'une après l'autre exercées ; les divers domiciles avec les époques de changement ; la date et le lieu de naissance ; les noms, prénoms et professions des pères et mères ; ceux des divers conjoints et les domiciles des derniers ; le tout établissant les rapports de filiation et alliance et une parfaite identité relativement à chaque inscrit.

(2) *Ou inscrit sur renvoi du bureau de* R..., *par le receveur soussigné :* D...; cette inscription serait faite de la même manière sur renvoi d'un employé d'une administration dont les actes ne sont pas sujets à l'enregistrement.

MENTIONS MARGINALES.	INSCRIPTIONS.
le 15 mai 1842. — Le receveur soussigné : D..	*— Inscrit sur renvoi du maire par le receveur soussigné : D...*
Un troisième extrait a été délivré le 26 juin 1842, après les retards et formalités relatifs à la perte du premier. — Le receveur soussigné : D...	*4. Procuration en blanc, à l'effet de vendre sa propriété de O..., commune de P..., passé devant ledit Me C..., le 10 mai 1842. — Inscrit au moment de l'enregistrement par le receveur soussigné : D...*
	5. Vente de O..., opérée par le mandataire devant Me F..., notaire à Q..., le 25 juin 1842, à G.. (Stanislas), avocat, domicilié à S... (1), moyennant fr. 17,000, payables à terme. — Inscrit au moment de l'enregistrement par le receveur soussigné : D...
	6. Naissance de A... (Marie), le 18 décembre 1842, déclarée par son père légitime, devant le maire de M..., le 19 décembre 1842. — Inscrit sur renvoi du maire par le receveur soussigné : D...
	7. Décès de A... (Marie), le 20 mars 1844, déclaré au maire de M.... le 21 mars 1844. — Inscrit sur renvoi du maire par le receveur soussigné : D....
	8. Obligation hypothécaire de fr. 5,000, souscrite au profit de T... (René), propriétaire, domicilié à M..., devant Me C..., notaire à M.., le 2 janvier 1845. — Inscrit au moment de l'enregistrement par le receveur soussigné : D...

(1) L'acquéreur serait immatriculé au bureau de Q..., lieu de la situation des biens, au moyen des élémens contenus dans l'acte de son acquisition ; de plus, le receveur renverrait au bureau du domicile.

3me Extrait (1) du registre matricule remplaçant toutes les tables anciennes du bureau de l'enregistrement de Q., délivré par nous, *Auguste D.*, receveur, pour servir à inscrire *à la suite de ceux portés ci-après* :

1° Le jour même de leur passation et sous l'attestation de la partie ci-après nommée ou des officiers publics instrumentaires, tous les actes qui seront requis, faits ou acceptés par ou pour *A., Louis, propriétaire, demeurant à M., né à N., le 10 mars 1817, du légitime mariage de A., Jean, propriétaire, demeurant à N., et de B., Marie, suivant son acte de naissance déposé en ce bureau, ayant eu son domicile d'origine audit N., mais ayant ensuite fixé régulièrement son domicile de choix à M.; l'un et l'autre lieux dans la circonscription de ce bureau;* le jour même de leur prononciation, s'il est possible (2), tous les jugemens et arrêts rendus pour ou contre lui;

2° Et par complément à chaque réquisition verbale de sa part ou de quelqu'un (3) pour lui, et sous l'attestation du receveur, tous les autres actes, jugemens et arrêts qui

(1) Cet extrait serait délivré sur timbre de 1 franc 25 centimes, avec réglure uniforme, alternativement à l'encre et au crayon. La signature du receveur pourrait, au besoin, être légalisée par le juge de paix du canton; il pourrait y avoir apposition de cachets

(2) Les défendeurs à une instance pourraient, en effet, faire défaut et se soustraire par là momentanément à l'inscription, mais on acquerrait toujours la connaissance desdits jugemens et arrêts, sinon par la publicité ordinaire et éphémère de l'audience des tribunaux, du moins par l'inscription qui en aurait lieu au moment de l'enregistrement. Ce cas, assez rare du reste, ne présente donc pas de difficulté sérieuse; seulement il faudrait confronter l'extrait de la matricule à la matricule elle-même.

(3) C'est-à-dire le porteur de l'extrait du registre matricule.

seront successivement portés sous le nom du dit *A.*, *Louis*, sur le registre matricule de ce bureau.

Le tout en exécution du Décret Impérial en date du

Q., le 26 juin 1842.

Le Receveur de l'Enregistrement et des Domaines.

D.

Il existe (1) en ce bureau, sous le nom du dénommé d'autre part, et sous ceux de ses père, mère, tuteur ou administrateur ayant agi pour lui pendant son incapacité, les *cinq inscriptions de titres suivantes* (2) :

MENTIONS MARGINALES.	INSCRIPTIONS.
Un premier extrait de la matricule a été délivré le 25 mars 1839. — Le receveur soussigné: D.	1. *Fixation de domicile à* M..., *par acte de* M⁶ C..., *notaire à* M..., *en date du 25 mars 1839. — Inscrit au moment de l'enregistrement par le receveur soussigné:* D.
Un deuxième extrait a été délivré par du-	2. *Contrat de mariage sous le régime de la communauté devant* M⁶ C..., *notaire à* M..., *le 19 février 1840. — Inscrit au moment de l'enregistrement par le receveur soussigné:* D.

(1) Dans le cas où il n'y aurait pas d'inscription de titre ni par conséquent de changement de domicile d'origine, le receveur certifierait la mention suivante : *Il n'existe en ce bureau, soit sous le nom du dénommé d'autre part, soit sous ceux de ses père, mère, tuteur ou administrateur, aucune inscription de titre. — Le receveur soussigné:* D.

(2) Les autres inscriptions sont survenues après la délivrance de l'extrait du registre matricule.

MENTIONS MARGINALES	INSCRIPTIONS.
plicata pour servir au mandataire, le 15 mai 1842. — Le receveur soussigné : D...	*3. Marié à E... (Radégonde), devant le maire de N..., le 20 février 1840. — Inscrit sur renvoi du maire de N... par le receveur soussigné : D.*
	4. Procuration en blanc à l'effet de vendre sa propriété de O..., commune de P..., passée devant Me C..., le 10 mai 1842. — Inscrit au moment de l'enregistrement par le receveur soussigné : D.
	5. Vente de la métairie de O..., opérée par le mandataire devant Me F..., notaire à R..., le 25 juin 1842, à G... (Stanislas), avocat, domicilié à S..., moyennant fr. 17,000, payables à terme. — Inscrit au moment de l'enregistrement par le receveur soussigné : D.
	6. Naissance de A... (Marie), le 18 décembre 1842, déclarée au maire de M.., le 19 décembre 1842. — Le maire de M... soussigné : K. .
	7. Décès de A... (Marie), le 20 mars 1844, déclaré au maire de M..., le 21 mars 1844. — Le maire de M... soussigné : K...
	8. Obligation hypothécaire de fr. 5,000, souscrite au profit de T. . (René), propriétaire, domicilié à M .., devant Me C. ., notaire à M..., le 2 janvier 1845. — Le notaire susdit soussigné : C...
	9. Bail à ferme de la métairie de H..., commune de Y.., à R... (François), cultivateur, domicilié à Y .., pour 9 ans expirant au 29 septembre 1854, moyennant fr. 900 et les impôts, devant Me C. ., notaire à M..., le 17 janvier 1845. — Le notaire susdit soussigné : C...

MENTIONS MARGINALES.	INSCRIPTIONS.
	10. *Vente de ladite métairie de* H..., *à* Z..., (François), *propriétaire, demeurant à* M..., *moyennant fr.* 30,000 *comptant, par acte privé du 12 juin* 1846. — *Le vendeur soussigné :* **A** (1).
	11. *Testament olographe* (2) *en date du 14 juin 1846, déposé sur récépissé à* Me C..., *notaire à* M.. — *Le testateur soussigné :* **A**.
	12 *Révocation du testament olographe ci-dessus inscrit par le fait de sa destruction.* — *Ledit sieur* A... *soussigné :* A...
	13. *Testament authentique reçu par* Me C..., *notaire à* M..., *le 28 juillet* 1846. — *Le notaire susdit soussigné :* **C** ..
	14. *Société commerciale avec* L... (Paul), *banquier, domicilié à* R..., *passée devant* Me C..., *notaire à* M..., *le* 1er *mars* 1847. — *Le notaire susdit soussigné :* C...

(1) En allant au bureau de l'enregistrement, on peut toujours, et dans un instant, confronter le présent extrait avec la matricule, faire établir les inscriptions survenues, c'est-à-dire celles fort rares pour l'existence desquelles la présentation de l'extrait du registre matricule ne serait pas nécessaire, ou faire certifier qu'il n'en est survenu aucune. Rien ne peut être à la fois plus sûr et plus expéditif que cette manière de procéder.

(2) Si les testamens olographes devaient être inscrits, bon nombre de testateurs ne mourraient pas après en avoir oublié l'existence, et on ne pourrait pas, comme aujourd'hui, par la multiplicité de testamens olographes à différentes post-dates, rendre pour ainsi dire impossible toutes révocations.

MENTIONS MARGINALES.	INSCRIPTIONS.
	15. *Faillite de ladite société, déclarée par jugement du tribunal de P..., rendu le 10 avril 1848. — Le greffier dudit tribunal soussigné :* F...
	16. *Jugement homologatif du concordat, rendu par le tribunal de P..., le 27 juillet 1848. — Le greffier dudit tribunal soussigné :* F...

Désormais, nos lecteurs peuvent nous suivre ; ils ont déjà compris qu'à l'exemple de ce qui se pratique à l'enregistrement, notre système fonctionnerait sur deux pivots nécessaires : le domicile fixe (1) de la personne et la situation des biens ; ils ont parfaitement découvert aussi que l'identité ne pouvant plus résulter ni du signalement qui, du reste, a toujours été administratif, ni de la connaissance personnelle ou du certificat d'individualité, toutes justifications qui serviraient alors à établir la relation du nom consigné à la matricule avec celui de la personne qui en serait porteur, il serait indispensable d'être toujours muni de l'extrait du registre matricule ou de le confier à un mandataire pour agir, contracter ou paraître devant les magistrats, fonctionnaires et officiers publics, à l'effet de faire inscrire les actes, jugemens et arrêts, ou d'inscrire soi-même les actes sous signatures privées dont on voudrait assurer l'existence. Il n'est pas douteux, dès-lors, que la nécessité d'une telle inscription

(1) C'est-à-dire que le domicile de choix, comme le domicile d'origine, ne pourrait être changé que par la passation d'un acte public (*Réforme hypothécaire*, pages 16 et suivantes).

à faire par les officiers publics instrumentaires pour attester l'identité de la personne qui aurait ainsi posé ou contracté devant eux ou par la partie elle-même, au moment de la signature d'un acte privé, empêcherait la passation d'un second acte pareil, puisque la représentation de l'extrait du registre matricule à un autre officier public ou à un second contractant, suffirait pour constituer ces derniers complices d'une mauvaise foi évidente et punissable, et entraîner l'annulation de l'acte qui serait l'instrument d'une telle fraude. Notez qu'il ne serait pas facile d'user de supercherie en supposant la perte de cet extrait du registre matricule. L'obligation d'en avoir un nouveau pour contracter et la difficulté de l'obtenir sans qu'il fasse mention de la délivrance d'un précédent, avertiraient suffisamment qu'il y aurait lieu de confronter le nouvel extrait à la matricule à l'expiration d'un délai pendant lequel les derniers actes inscrits sur l'extrait perdu auraient le temps d'être enregistrés et connus, et seraient des causes qui rendraient même la chose virtuellement impossible. L'établissement de la matricule, comme moyen de prouver l'individualité des personnes, réaliserait donc un premier avantage immense et incontestable, celui d'apporter obstacle à l'accomplissement d'une double mutation; on n'aurait plus besoin de se mettre en garde contre les vendeurs et de prendre des précautions minutieuses dictées par l'état de choses actuel, et dont nous avons déjà démontré l'impuissance.

En mettant ainsi les parties dans le cas de se communiquer réciproquement leurs matricules et de s'édifier sur leurs positions respectives, à l'occasion des affaires projetées entr'elles, on éclairerait sur des faits qui sont indispensables à savoir pour traiter en connaissance de cause, et on anéantirait du même coup une quantité d'inconvéniens qui existent et qui inquiètent les populations.

D'un autre côté, chacun saisit facilement les nombreux avantages de ce nouvel ordre de choses.

1° Les mutations (1), au moment de leur réalisation par écrits, ne laisseraient plus un instant d'incertitude; elles auraient lieu avec une égale promptitude par actes authentiques ou par actes privés; la vigilance ne serait plus pour rien dans l'existence des contrats de bonne foi; en achetant, on serait sûr que les mêmes biens n'auraient été aliénés ni à titre gratuit ni à titre onéreux.

2° Tous les notaires seraient remis dans la condition où ils étaient avant la loi du 23 mars 1855, et jouiraient du même droit de se faire présenter les matricules et d'y inscrire les actes lors de leur passation devant eux.

3° Il n'y aurait plus de fausses déclarations hypothécaires, puisqu'elles devraient se faire alors que les notaires auraient les matricules sous les yeux (2).

(1) On pourrait croire au premier aperçu, qu'en exigeant avant de contracter, la remise d'un état d'inscriptions, on acquerrait la même sécurité que par le moyen de la matricule, mais il n'en est rien; l'expérience a démontré que cette pratique n'empêche pas qu'il survienne souvent des inscriptions en concurrence, et qu'une inscription n'en prime une autre dont le titre est antérieur.

(2) Les actes translatifs de propriété immobilière et de droits réels, susceptibles d'hypothèque, doivent être transcrits (loi du 23 mars 1855, article 1er), tandis que les actes déclaratifs de propriété ne sont pas soumis à la transcription : on comprend dans la première catégorie les actes entre vifs simples ou conditionnels opérant mutation par vente, adjudication, échange, dation en paiement, mise en société, ameublissement, cession, donation, renonciation, rétrocession, attribution, transaction ou jugement d'adjudication de biens immeubles, tels que mines, minières, carrières, constructions, droits successifs, fonds de terre, actions en revendication d'immeubles, actions immobilisées, ou de droits réels d'usufruit, d'emphytéose ou de superficie ; on doit faire transcrire spécialement le contrat de mariage contenant une constitution de dot à titre particulier, une donation de biens présens ou un ameublissement d'immeubles, la donation d'une action en revendication ; le partage qui

4° La présentation de la matricule, en fournissant à elle seule et immédiatement tous les renseignemens désirables pour inspirer et justifier la confiance, serait d'un prix incalculable dans les affaires où les frais empêchent aujourd'hui de prendre les précautions utiles ; elle serait grandement appréciée aussi dans les autres qui sont toujours suspendues par les retards fatigans qui accompagnent la production des pièces, la délivrance des états d'inscriptions et de transcriptions ; dans les cas de prêts

attribue à la femme des immeubles du mari ou des immeubles de la communauté à laquelle elle a renoncé ; la vente faite par le mari à sa femme, pendant le mariage, d'immeubles de la communauté en paiement de ses reprises ; l'acte translatif consenti par un gérant officieux ou par un incapable ; l'acte contenant ratification ; la cession du droit de reméré ; le retrait litigieux ; le retrait successoral ; les renonciations aux droits d'usufruit, d'emphytéose ou de superficie ; les jugemens déclarant l'existence de conventions verbales de nature à être transcrites. La vente sous condition suspensive doit subir cette formalité au droit fixe, immédiatement après sa passation ; la vente sujette à ratification est à transcrire avec la même célérité. On doit excepter de la règle ci-dessus posée les actes administratifs par lesquels l'État, un département, une commune ou un établissement public, vendent, à titre de personnes civiles, des immeubles ou cèdent des droits réels, par lesquels encore l'État fait des concessions de mines, canaux, chemins de fer, etc.; les jugemens d'expropriation pour cause d'utilité publique et les traités amiables qui en tiennent lieu.

On trouve comme rentrant dans la catégorie des actes déclaratifs les partages, les ventes ou licitations qui font cesser l'indivision entre co-héritiers ; le jugement d'adjudication rendu sur licitation quand l'adjudicataire est l'un des héritiers ; le retrait successoral et la cession de droits successifs au profit de l'unique co-héritier ; la confirmation par une personne d'une vente faite pendant son incapacité ; la renonciation à une prescription accomplie, à l'action en nullité résultant du vice d'un contrat ; les renonciations à succession, communauté ou legs, à moins qu'elles ne soient intervenues après acceptation, ou en faveur d'un successible ou d'un autre légataire ; la transaction par laquelle on renonce à un immeuble disputé ; le jugement d'adjudication sur surenchère rendu au profit du tiers détenteur.

hypothécaires comme dans tous ceux où des justifications sont requises, la partie n'aurait pas en effet à courir des mois entiers pour composer un dossier et réunir l'acte prouvant le mariage; le contrat fixant sur le régime adopté; les actes d'acquisition, donation, partages et autres, établissant au moins l'apparence des droits du propriétaire sur la chose possédée; les certificats de greffiers attestant la jouissance et l'exercice des droits civils et commerciaux et l'exemption d'hypothèque légale; les états hypothécaires. On ne serait pas tenu, comme aujourd'hui, de s'en rapporter à l'individu pour tout ce que les pièces ordinairement requises ne peuvent prouver.

5° Il ne serait plus possible de tromper sur sa qualité d'étranger; sur son incapacité résultant de minorité, interdiction ou assistance de conseil; sur la privation de ses droits civils; sur les qualités requises pour être témoin instrumentaire; sur son enchaînement dans une société; sur son état civil comme enfant ou comme personne mariée, et sur les actes et jugemens ayant trait à la filiation légitime ou naturelle, et ceux réglant les conditions de l'union conjugale existante ou dissoute. On n'aurait plus besoin, pour connaître l'état civil et l'état hypothécaire des contractans, le fait de propriété, la durée des baux, les cessions de revenus, et une infinité d'autres documens utiles, et pour consigner les déclarations, de faire des questions qui, à cause de la fortune apparente ou de la haute position des personnes, semblent indiscrètes et obligent le plus ordinairement à se taire; s'il n'était pas possible de détruire les ruses soi-disant innocentes qui consistent à cacher ce qai, au moral, ferait manquer les mariages, du moins il n'y aurait pas à l'égard des richesses ces tromperies qui finissent toujours par influer d'une manière si déplorable sur le sort respectif des époux.

6° On ne chercherait plus , en cas de faillite ou de déconfiture , à dérober artificieusement les biens éloignés ou inconnus, qui, comme ceux déclarés et apparens, sont le gage commun des créanciers ; le failli ne conserverait plus aucun espoir de s'en servir un jour au détriment de ces derniers, et, grâce à cette ruse, d'abuser (1) partout sur sa condition.

7° On ne verrait plus , au bout d'un certain temps d'exercice , s'introduire des instances comme celles qui ont aujourd'hui pour objet de statuer sur la valeur des testamens et dispositions éventuelles qui ont été longtemps cachés à dessein ou introuvés (2) ; de déterminer le nom-

(1) Le fait le plus grave que nous ayons en vue en écrivant ces lignes est celui qui a motivé de la part des syndics d'une faillite, l'attaque en responsabilité d'un honorable notaire de Paris , 22 ans après avoir quitté le notariat , pour avoir le paiement de la valeur de 2640 francs de rente sur l'Etat détournée de l'actif, et de 76,560 francs pour 58 semestres d'arrérages avec les intérêts à 5 pour cent depuis chaque échéance , et cela 28 ans après la passation d'un certificat de propriété délivré , en vertu d'un acte de notoriété passé devant notaires , au fils du failli , chevalier de l'ordre royal et militaire de Saint-Louis , homme qui passait pour être riche , qui était considéré , et qui, par la production de cette pièce, avait pu transférer la rente. Les prétentions des syndics ont d'abord été admises par le motif que l'acte de notoriété aurait dû , à défaut d'inventaire , être fait devant le juge de paix , et le notaire a été condamné à payer la valeur capitale de la rente par jugement du tribunal de la Seine en date du 12 janvier 1853, mais cette décision a été infirmée par raison du défaut de préjudice éprouvé par les créanciers du failli, et résultant de l'insaisissabilité de la rente (C. Paris , 31 juillet 1853. — C. cass , Ch. req., 8 mai 1854).

(2) Les actes entre vifs sont seuls soumis à la transcription par les articles 1 et 2 de la loi du 23 mars 1855 ; par conséquent, un testament , alors même qu'il constituerait une servitude , un droit d'usage ou d'habitation , est affranchi de cette formalité. Il en est de même de la donation entre époux, de l'institution contractuelle et de la renonciation aux avantages qui résulteraient de ces diverses dispositions éventuelles (M. Troplong, n°s 75, 79, 95, 569).

La loi n'ayant donc à cet égard rien changé à l'état de choses

bre, la qualité et les droits des successeurs d'un défunt ; de valider ou d'invalider les actes consentis par des héritiers apparens. Du moment que les matricules assureraient et feraient connaître l'existence des actes, et contiendraient les élémens des arbres généalogiques, il deviendrait très facile, en y ayant recours, de rassembler et apprécier dès l'ouverture tous les papiers des successions ; de découvrir à tous les degrés la parenté des prétendans, et de fixer irrévocablement les ayant droit ainsi que la force et les charges de ces successions. Les héritiers véritables ne seraient plus à la merci de ceux qui détiennent les héritages et leurs titres, et obligés à des perquisitions pénibles et onéreuses qui ne sont pas toujours couronnées de succès ; nécessairement aussi, il n'y aurait plus cette âpreté de succéder qui conduit des héritiers, en recherche de pièces justificatives, à falsifier des actes d'état civil.

8° Non seulement la matricule, au moment de sa présentation, fixerait les contractans sur l'importance des reprises de la femme vis-à-vis de son mari, et sur celle des droits du mineur et de l'interdit vis-à-vis du tuteur, en ce que ces droits et reprises résulteraient des actes inscrits et seraient la cause opportune des hypothèques légales (1), mais encore elle serait de la plus grande uti-

antérieur, nous ne ferons que confirmer ici, en toute leur étendue, les explications dans lesquelles nous sommes entré (*Réforme hypothécaire*, pages 53 et suivantes, 70 et suivantes), pour démontrer que les tiers, en traitant avec les représentans d'un défunt, sont toujours exposés à être inquiétés par des réclamations tardives, et en même temps avec quelle facilité on peut leur donner, par le moyen de la matricule, une complète sécurité.

(1) La loi du 25 mars 1855, article 8, laisse subsister l'hypothèque légale indépendamment de toute inscription, tant qu'il ne se sera pas écoulé une année depuis la dissolution du mariage ou la cessation de la tutelle, c'est-à-dire qu'elle reste occulte à peu près juste le temps pendant lequel il serait nécessaire qu'il en fût au-

lité pour ces incapables, après qu'ils auraient recouvré
l'exercice de leurs droits civils, et pour les éclairer sur

trement. La cause de cette décision du législateur vient de ce qu'il
a considéré qu'il devait protéger la femme tant qu'elle est dans la
dépendance du mari ; le mineur et l'interdit, tant qu'ils sont sans
défense vis-à-vis du tuteur. Il n'a pas voulu prescrire la nécessité
d'une inscription dont le défaut ou la nullité aurait pu compromettre
leurs droits. Il n'a ni connu ni envisagé la publicité organisée *à titre
de renseignement*, telle que nous la désirons et qu'elle nous paraît
satisfaire à la triple exigence de l'intérêt des incapables qui ne pourraient souffrir de l'incurie ou de l'erreur, de l'intérêt des maris et
des tuteurs qui recouvreraient ainsi leur crédit, et de l'intérêt des
tiers qui, par ce moyen, seraient toujours pendant le mariage ou
la tutelle comme après, suffisamment éclairés. La disposition de cet
article 8 n'a été introduite qu'en faveur des tiers ; la femme est
dispensée d'inscrire son hypothèque légale même après la séparation de biens (M. Troplong, n° 508) et la séparation de corps. Il n'y
a pas à distinguer si la tutelle cesse pour le mineur par son décès
ou par sa majorité, et pour l'interdit par son décès ou par le relevé
de son interdiction. Dans les cas où ces incapables existent, ils sont
obligés d'inscrire leurs hypothèques dans l'année de grâce vis-à-vis
même de ceux qui auraient acheté avant ou pendant ladite année,
à moins d'un commencement de procédure en purgement (C. N.
2194 ; – M. Troplong, n°ˢ 515, 516), impliquant une mise en demeure
de nature à étendre ce délai. Dans les cas de décès, leurs héritiers,
même mineurs ou interdits, doivent remplir cette même obligation
(M. Troplong, n° 511 ; – MM. Rivière et Huguet, n° 580 ; – M Bressolles, n° 99 ; – Arg. C. N. 2278 ; – C. P. 598) ; d'où il suit que les
tuteurs sont par là grevés d'une nouvelle et lourde charge. Quant à
la cessation de la tutelle par l'émancipation du mineur, le décès ou
la destitution du tuteur, elle n'empêche pas l'hypothèque d'exister
sans inscription pendant le mariage ou la minorité. Les inscriptions
qui ne sont prises qu'après l'année écoulée conservent les hypothèques légales et leurs mêmes causes, mais elles n'ont aucun effet
rétroactif préjudiciable aux tiers acquéreurs ou hypothécaires ; elles
ne peuvent frapper que les biens appartenant alors aux maris ou aux
tuteurs, et ceux acquis postérieurement ; les biens aliénés pendant
le mariage ou la tutelle, ou dans l'année de grâce, en sont affran-
chis. Les inscriptions faites avant l'année expirée, comme celles
faites après, sont purgées par les règles applicables aux inscriptions
conventionnelles et judiciaires. Les hypothèques s'éteignent de la
manière indiquée à l'article 2180 du Code Napoléon.

des actes qui peuvent avoir été passés à leur insu et dont ils ne trouveraient aucune trace ; pour renseigner les tuteurs dans les cas pressans où les parens venant à mourir, des formalités conservatoires sont immédiatement à remplir.

9° La fixité du domicile et l'inscription des actes, mariages, naissances et décès, réuniraient à de nombreux avantages celui d'être d'un prodigieux secours pour appeler annuellement tous les jeunes gens sujets au recrutement de l'armée, et empêcher qu'environ 2000 (1) par an ne soient omis sur les listes du tirage ; pour servir à vérifier en toute occurence l'exactitude des déclarations de naissance ou décès à faire aux officiers d'état-civil (2) ; pour effectuer d'une manière régulière le recensement quinquennal de la population ; pour dévoiler le concubinage, que l'on est si habile à décorer partout d'union légitime ; pour mettre obstacle à la trop facile perpétration du crime de bigamie (3) ; pour connaître les créances et les biens immobiliers

(1) Rapport de S. E. M. le ministre de la guerre.

(2) Les nombreux jugemens de rectification (C. N. 99 et 46) qui sont annuellement rendus par chaque tribunal, témoignent, ou de l'indifférence des individus à faire les déclarations, ou de la négligence de beaucoup d'officiers d'état civil à en rédiger actes ; les erreurs qui se rencontrent dans la plupart des actes au sujet de la manière d'écrire les noms patronymiques et auxquelles on ne s'arrête aujourd'hui que dans des cas exceptionnels, se corrigeraient promptement si les officiers d'état civil étaient obligés de prendre pour exemple l'orthographe des noms inscrits aux matricules. D'un autre côté, la saine orthographe du nom appartenant à tous les membres d'une même famille serait garantie par les soins et l'intelligence que les receveurs d'enregistrement seraient aptes à mettre dans la délivrance de chaque matricule, en s'aidant des tables actuelles, et des titres et papiers domestiques. Les instituteurs à leur tour vulgariseraient le nom qui acquerrait ainsi une certaine immutabilité au lieu d'être les premiers à habituer, comme cela arrive souvent, un enfant à écrire son nom différemment de son père.

(3) A ne considérer que les cas judiciaires, le crime de bigamie serait assez rare, mais il faut être persuadé que tous ceux qui existent ne sont pas découverts.

de beaucoup de mendians de profession (1), la véritable famille de chaque nécessiteux, l'existence cosmopolite des vagabonds (2), et prendre à cet égard les mesures

(1) Voir l'ouvrage *de l'Assistance et de l'Extinction de la Mendicité*, par M. A. de Magnitot, préfet de la Nièvre, où sont rapportés des faits et documens certains sur la mendicité à l'état d'industrie, et au sujet duquel M. Evariste Bavoux a écrit ces lignes dans une revue :

« La suppression de la mendicité, ce n'est ni la négation, ni « l'abandon des pauvres, loin de là : c'est le secours, ce sont les « soins organisés en faveur des vrais malheureux, dont la part est « odieusement détournée par de faux mendians qui font de la men- « dicité une profession, une spéculation honteuse, plus lucrative que « ne l'est dans de certaines conditions, pour de braves ouvriers, « l'exercice d'un travail honnête et soutenu. »

(2) Après avoir été président de l'Assemblée législative, et par conséquent en position de mettre ses idées en pratique, M. Dupin a tardivement exposé en ces termes, le 1er septembre 1854, et comme président d'un Comice agricole, la plaie du vagabondage et le remède à y apporter :

« Qui n'a entendu, disait-il, les fermiers et les propriétaires ru- « raux se plaindre d'être continuellement assaillis par une foule de « mendians, qui, soit individuellement, soit par familles ou même « par bandes, se succèdent pour leur demander des vivres et le « logement ? Pendant que les hommes valides sont occupés au tra- « vail des champs, ces individus pénètrent dans les maisons, s'ins- « tallent au foyer domestique, intimident les femmes et les enfans, « et demandent hardiment ce qu'il leur faut ; moins on les connaît, « plus on les redoute, et l'expérience prouve qu'on a souvent raison « de s'en défier....

« Tous les villageois disent hautement que, s'ils n'avaient à faire « qu'aux pauvres de leur commune, ils viendraient facilement à bout « de les soulager. Ceux-là, on les connaît, on sait leurs besoins, « vrais ou factices ; s'ils peuvent ou non travailler ; si leur misère « tient à l'infirmité ou à la paresse ; s'ils ont des parens en état de « les héberger et de les secourir au moins dans une certaine mesure.

« Mais un mendiant étranger exploite à la fois plusieurs communes : « venu de loin, il ment à son aise sur son origine, sa famille, ses « infirmités, ses prétendus malheurs, et, s'il a pu se procurer un « certificat accordé quelquefois avec trop de facilité par un maire, « qui ne cherche par là qu'à se débarrasser d'un être importun et « dangereux, on le voit s'en servir comme un corsaire se sert d'une

signalées par les économistes comme les plus propres à en conjurer les inconvéniens ; pour découvrir les actes qui sont utiles à mentionner dans les inventaires, à consulter pour les partages, liquidations, comptes de tutelle et procès.

10° On ne serait plus tenté de dissimuler au prêteur hypothécaire ou à l'acheteur les altérations de la propriété par le démembrement de la jouissance et l'établissement des servitudes. La matricule faisant connaître à cet égard la position d'une manière complète, on serait sûr, non-seulement que les droits réels d'usufruit, d'usage, d'habitation, d'antichrèse, d'emphytéose ou de servitudes (1),

« *lettre de marque*, pour courir sus aux populations. Ces mendians
« nomades, qui boitent à la porte, marchent mieux quand ils sont
« hors de vue et sur les grands chemins ; ils iraient dans 5 , maisons,
« et ils récolteraient cent gros sous et vingt livres de pain en un jour,
« qu'ils ne diraient jamais : *c'est assez;* et personne, faute de con-
« naître les détails de leur industrie, ne pourrait leur dire : *c'est trop.*

« Au lieu de cela, si, dans chaque commune, le maire et le curé,
« assistés de quelques notables, dressaient consciencieusement une
« liste de *véritables indigens*, chacun d'eux étant porté sur la liste
« *en connaissance de cause*, et n'y étant maintenu qu'autant qu'il y
« aurait des motifs suffisans, on pourrait, avec une somme bien
« moindre que tout ce qu'on donne à chaque porte à tout venant,
« former, à l'aide de souscriptions volontaires, *un fonds commun,*
« sur lequel les vrais pauvres recevraient ce qui leur est nécessaire:
« ils le recevraient *à domicile*, et les maisons de ceux qui donnent
« ne seraient plus infestées par des vagabonds étrangers.

« Ainsi, le devoir chrétien de la charité se trouverait rempli, et
« la moralité, comme le bon emploi des secours, remplacerait
« l'abus. »

(1) Aux termes de la loi du 25 mars 1855, les actes entre vifs, à titre gratuit ou onéreux (M. Troplong, n°s 108 et suivans). créatifs des droits réels non susceptibles d'hypothèques, d'antichrèse, d'usage, d'habitation et de servitudes, doivent être transcrits: il en est de même des jugemens qui en déclarent l'existence en vertu de conventions verbales et des renonciations translatives *in favorem* à ces mêmes droits : il faudrait donc requérir l'état des transcrip-

n'auraient pas été concédés , mais encore que l'existence et la durée d'un bail ordinaire ne contrarieraient pas la jouissance matérielle ; que la durée d'un bail extraordinaire (1), la modicité du prix, la quittance ou la cession d'une somme équivalente à une ou plusieurs années de loyers ou fermages non échus, ne détruiraient pas le motif du prêt ou de l'acquisition. Par une conséquence toute naturelle , les personnes qui contracteraient de la sorte, après la création d'une hypothèque , n'auraient à prétexter aucune cause d'ignorance pour exercer un droit réel quelconque au préjudice du créancier.

11° On serait averti par la matricule de toutes les difficultés judiciaires résultant d'exploits introductifs d'instance ou de compromis ; des actions en saisies immobilières; de l'existence et ensuite de l'extinction des germes (2)

tions pour connaître ces simples droits ; or , le plus souvent, cet état ne se demande pas pour des intérêts majeurs. Du reste, plus il se transcrira d'actes , et moins on sera disposé à demander l'état des transcriptions , seul agent de publicité , puisqu'on s'exposerait à payer fort cher les nombreuses *copies collationnées* des actes qui se trouveraient ainsi transcrits.

(1) Les baux de plus de 18 ans sont excessivement rares ; d'un autre côté, la nécessité de la transcription les rendra plus rares encore (M. Bressolles, n° 19). Par conséquent, la loi du 23 mars 1855 , qui ne soumet à cette formalité que les baux de cette durée et tout acte ou jugement constatant quittance ou cession d'une somme équivalente à trois années de loyers ou fermages non échus , laisse une large porte ouverte à la fraude. Quel est l'acquéreur qui s'accommoderait de l'existence d'un bail de 18 ans seulement sur lequel il n'a pas dû compter ? Quel est le prêteur qui sera satisfait de perdre son argent parce qu'un bail semblable et un prix médiocre atténueront d'un tiers la valeur de l'immeuble hypothéqué ?

(2) L'action résolutoire inhérente à l'existence d'un titre non prescrit et dispensée de toute formalité conservatoire, a été longtemps la sauvegarde des prix de vente payables à terme ou stipulés en rentes perpétuelles (*De la Forme des Actes*, page 474). Sous ce rapport, elle a produit d'immenses avantages pour les cas si fré-

de résolution ou révocation que les actes portent en eux selon leur essence, ou par le fait de conditions

quens (a) où les vendeurs et crédirentiers négligent de prendre et surtout de renouveler leurs inscriptions de privilèges. Ayant, à cause de sa clandestinité, donné lieu à des instances judiciaires qui sont à peu près les seules causes des changemens de législation, elle a subi une première et légère atteinte des dispositions de la loi du 2 juin 1841, qui prescrivent une mise en demeure de nature à amener ou l'exercice de cette action, ou une prompte déchéance (*Réforme hypothécaire*, page 44). La loi du 23 mars 1855 est allée beaucoup plus loin, en déclarant (article 7), que l'action résolutoire établie par l'article 1654 du Code Napoléon ne peut être exercée après l'extinction du privilège du vendeur, au préjudice des tiers qui ont acquis des droits sur l'immeuble du chef de l'acquéreur, et qui se sont conformés aux lois pour les conserver. Il résulte de ce nouveau principe que les rôles sont changés; ce n'est plus l'acheteur qui est obligé dans le temps de son acquisition de s'entourer, une fois pour toutes, des précautions nécessaires pour s'assurer que les prix de ventes antérieures ont été payés, c'est le vendeur, créancier du prix ou d'une rente foncière, qui est, comme les inscrivans ordinaires, mis sur le qui-vive par la crainte de s'y prendre trop tôt ou trop tard, et qui est tenu de rompre avec ses habitudes, de requérir une inscription et de la renouveler. Il y est obligé même dans le cas où l'action résolutoire a été expressément stipulée en vertu de l'article 1656 du Code Napoléon (M. Troplong, nos 501 et suivans; —M. Grosse, no 190). Cette action est, à l'égard des tiers, tellement dépendante du privilège, qu'elle s'évanouit si ce privilège vient à s'éteindre par prescription décennale ou vicennale, renonciation, défaut de transcription; défaut, péremption ou main-levée de l'inscription. Elle périt également par l'acceptation de la succession de l'acquéreur sous bénéfice d'inventaire ou par la déclaration de sa faillite avant l'inscription du privilège, et même alors que cette inscription aurait lieu dans les 45 jours du contrat. Ceci n'est pas sans offrir de graves inconvéniens. Aussi M. le premier président Troplong nous dit, no 295 : « Le vendeur pourra se prémunir par « une précaution prudente; il pourra stipuler que la vente ne sera

(a) En effet, des milliers de rentes perpétuelles dues à des particuliers ou à des personnes civiles, ne se sont pas perdues, soit à cause de l'action résolutoire directe, soit à cause de l'action résolutoire militant au profit des crédirentiers de la charge imposée aux acquéreurs successifs des immeubles grevés de payer les rentes dont les inscriptions se trouvaient périmées.

spéciales ; de la restitution du prix de la vente à réméré (1) ;
de l'accomplissement du retour conventionnel (2) ; de
l'exercice du retrait successoral et du retrait de droits litigieux (3) ; de la confirmation (4) et de la ratification des

« parfaite et la propriété transférée qu'autant que la transcription
« aura été effectuée d'une manière utile, sinon qu'elle sera comme
« non avenue. » D'un autre côté, il est à craindre que cette pers-
pective ne nuise sensiblement au crédit, qui, d'ordinaire, s'accor-
dait facilement. Pour atteindre les actions résolutoires protégées
par le Code Napoléon, la loi du 25 mars 1855 a obligé les vendeurs
de les conserver vis-à-vis les tiers et pour les cas d'extinction des
privilèges au moment de sa promulgation, par des inscriptions par-
ticulières prises dans le délai de six mois à partir du 1er janvier 1856.
L'action résolutoire qui résulte de l'échange pour défaut de paiement d'une soulte est soumise à toutes les règles sus-énoncées. Il
n'en est point ainsi par exemple de la résolution qui aurait lieu par
folle-enchère en vertu de l'article 737 du Code de procédure civile,
faute par l'adjudicataire d'exécuter les clauses de l'adjudication ; de
celle qui est autorisée en cas d'échange par l'article 1705 du Code
Napoléon, lorsque l'un des co-permutans est évincé de l'immeuble
qu'il a reçu (M Grosse, no 253 et suivans), et de la révocation d'une
donation entre-vifs pour inexécution des charges et conditions sous
lesquelles elle a été faite (C. N. 954). Dans tous ces cas, le principe
résolutif établi par le Code Napoléon n'est pas modifié, mais lorsqu'il
est exercé, la loi prescrit (article 4), dans l'intérêt des tiers, et sous
peine d'amende, que, pour tous les cas où il s'agit de la résolution,
nullité ou rescision d'actes transcrits, les jugemens soient, dans le
mois à dater du jour où ils ont acquis l'autorité de la chose jugée,
mentionnés en marge des transcriptions faites sur le registre ; cette
disposition n'est pas applicable aux actes volontaires qui rempliraient
l'office des jugemens, ces actes n'étant soumis qu'à la transcription
et dans les seuls cas où ils sont translatifs (M. Troplong, no 244).
   (1) Le retrait conventionnel n'étant pas translatif, n'est pas sujet
à la transcription (M. Troplong, no 245), ni par conséquent à la
moindre publicité ; il donnerait seulement lieu à la mention s'il
s'opérait par jugement.
   (2) Le retour conventionnel ne doit pas être transcrit, puisque
les actes translatifs seuls sont soumis à cette formalité.
   (3) MM. Rivière et Huguet, nos 49 et 50, n'admettent la transcription, ni du retrait de droits litigieux, ni du retrait successoral.
   (4) La vente consentie en minorité et transcrite l'emportera, en

actes incomplets. Par cette publicité, on ferait assez pour les acquéreurs et les prêteurs hypothécaires, puisque rien ne les empêcherait plus de lire dans le passé, et que ce n'est pas contre le principe résolutif lui-même qu'on s'est toujours récrié, mais bien contre sa clandestinité. On ne serait plus obligé de sacrifier les droits des vendeurs pour assurer ceux des tiers; les choses pourraient alors s'arranger de telle façon qu'une personne, en se dépouillant de son immeuble, ne fût pas exposée, par une manière de se croire en règle passée dans nos mœurs, à perdre à la fois son bien et le prix qui en est l'équivalent.

12° Enfin, les dangers de la clandestinité de tous les actes de nature à transférer les créances, privilèges et hypothèques (1), seraient parfaitement évités. En un

vertu de la nouvelle loi, sur une revente consentie en majorité, si un acte de confirmation est fait en majorité et transcrit avant le second acte de vente (M. Troplong, n⁰ˢ 174-175).

(1) Les privilèges se conservent par des inscriptions faites au bureau des hypothèques. La loi nouvelle, en abrogeant les articles 834 et 835 du Code de procédure civile, accorde seulement au vendeur, à l'échangiste (M. Grosse, n° 185) et au co-partageant de tous immeubles indivis, un délai de 45 jours à partir de l'acte de vente, d'échange ou de partage, ou d'un acte équipolent pour inscrire ceux qui leur sont conférés par les articles 2103 et 2109 du Code Napoléon, et les conserver nonobstant toute transcription d'actes faite dans ce délai. Les autres créanciers privilégiés (il en est de même pour les créanciers ayant hypothèque aux termes des articles 2123, 2127 et 2128 du Code Napoléon, ne peuvent, à partir de la transcription, prendre utilement inscription sur le précédent propriétaire (article 6). Ainsi, les privilèges généraux (C. N. 2101), ceux des constructeurs et ouvriers (C. N. 2103), et celui des créanciers et légataires ayant pour cause la demande en séparation de patrimoines (C. N. 878, 2111), subissent cette même déchéance à l'égard du tiers détenteur, mais il est bon d'observer que les privilèges généraux, qui n'ont besoin de s'inscrire que pour exercer le droit de suite, jouissent du droit de préférence, sans inscription et vis-à-vis les créanciers, tant que le prix n'est pas payé et que la transcription ne forclot pas les créanciers et légataires

mot, la matricule offrirait constamment et à première

du droit de s'inscrire pour cause de séparation de patrimoines dans les six mois du décès pour profiter des avantages de cette séparation qui s'exerceraient alors sur le prix de l'immeuble s'il était encore dû.

Il résulte de ce qui précède et de l'affinité désormais consacrée entre l'action résolutoire et le privilège, qu'il faut plus que jamais remplir avec empressement les formalités nécessaires pour la conservation des privilèges. *On s'expose souvent à perdre les privilèges et actions résolutoires en passant des actes privés avec l'idée de les convertir après un délai de plus de 45 jours en actes devant notaires* (M. Troplong, no 55). Le moyen le plus sûr, lorsqu'il s'agit du privilège émanant d'un acte translatif, est de faire transcrire, c'est même le seul qui soit admis par M. Pont, no 263. Cette transcription conserve par elle-même le privilège pendant dix ans, ce qui ne doit pas empêcher les notaires de faire faire dans l'acte, pour la validité de l'inscription d'office, une élection de domicile dans l'arrondissement de la situation des biens (*De la Forme des Actes*, pages 456, 496). On peut y faire procéder après les 45 jours de délai, tant qu'une revente n'a pas été transcrite. M. Troplong, no 279. Au contraire, le privilège du co-partageant qui ne serait pas inscrit dans les 45 jours, dégénérerait en hypothèque (C. N., 2113), et l'inscription ainsi faite tardivement, ne prendrait rang, vis-à-vis les autres inscrits, que du jour de sa date.

Il ne faut pas aussi perdre de vue que l'abrogation des articles 834 et 835 du Code de procédure civile rétablit le principe d'après lequel on ne peut s'inscrire sur une personne qu'autant qu'elle n'a pas réalisé l'aliénation de son immeuble, et qu'elle est encore propriétaire à l'égard des tiers. Ainsi, maintenant, c'est le décès d'un testateur qui saisit le légataire particulier de la propriété d'un immeuble, qui purge sans transcription les hypothèques et arrête les inscriptions du chef du défunt. « On se trouve, dit M. le premier président Troplong, no 275, forcément placé sous l'empire du Code Napoléon, d'après lequel l'aliénation purge virtuellement les hypothèques non inscrites. Cette conséquence est peut-être à regretter; la mort, qui ouvre le droit du légataire et met fin à la faculté de s'inscrire, est un événement parfois si soudain, tellement inopiné, qu'un délai pour le créancier qui n'a pas pris inscription, se justifierait mieux ici que dans tout autre cas; mais il est impossible d'échapper à ce résultat. »

C'est ici un cas spécial des mutations à cause de mort qui ne doivent pas être transcrites, car c'est la transcription qui purge en principe les privilèges et hypothèques assujettis à l'inscription; cette règle

réquisition, non-seulement tous les documens qu'on se

reçoit même une telle application, qu'elle enlève ce droit au jugement d'adjudication sur saisie immobilière auquel il était auparavant attaché.

Les contractans ne sont pas obligés de faire transcrire les actes en entier, mais seulement les clauses sujettes à cette formalité (M. Troplong, nos 89, 125). Le défaut de transcription ne peut être opposé par les héritiers et successeurs universels du vendeur, par un légataire particulier à un acquéreur antérieur ou à un donataire antérieur, par un donataire qui a transcrit à un acquéreur antérieur ou à un donataire antérieur, par un acquéreur qui n'a pas lui-même transcrit, par les créanciers chirographaires, si ce n'est dans le cas de faillite ou vis-à-vis d'un donataire (M. Troplong, no 565), par les personnes qui sont chargées de faire opérer la transcription ou leurs ayant-cause.

Avant la loi du 23 mars 1855, la femme, à moins d'être mariée sous le régime dotal, pouvait céder sa créance hypothécaire contre son mari, son rang d'antériorité ou son hypothèque sans sa créance (M. Troplong, no 324 et s.; – MM. Championnière et Rigaud, t. II, no 1155), subroger expressément ou tacitement à cette hypothèque légale, en s'obligeant solidairement avec son mari dans un acte contenant affectation hypothécaire des biens de ce dernier ou de ceux de la communauté; ou enfin renoncer expressément ou tacitement à cette même hypothèque en garantissant solidairement la vente faite par son mari (C. Paris, 1er juin 1807) et la régularité du paiement postérieur fait à ce dernier (C. Paris, 17 mars 1834). L'hypothèque ainsi transférée ou modifiée ne cessait pas pour cela d'être dispensée d'inscription; il en résultait que la crainte d'être primé par des cessions, subrogations ou renonciations antérieures en date laissait les cessionnaires, subrogés et acquéreurs dans une perplexité continuelle (C. Bordeaux, 16 août 1855; – C. Lyon, 15 février 1846; – M. Troplong, no 520). Il est vrai que ces derniers avaient la facilité de purger en remplissant les formalités de l'article 2194 du Code Napoléon; mais, ainsi que beaucoup d'autres, ces formalités ne sont sérieusement applicables qu'à des immeubles d'une valeur assez considérable; les frais (les moindres s'élèvent à 60 francs) qu'elles entraînent obligent 98 acquéreurs sur 100 à les négliger pour se confier au hasard. Quant aux derniers créanciers investis de l'hypothèque légale de la femme, ils n'avaient, ni par les tables de l'enregistrement, ni par d'autres moyens, la possibilité de s'éclairer sur le rang qui leur était assuré. De là de funestes abus dans une matière usuelle, délicate et périlleuse (M. Troplong, no 535).

procure aujourd'hui aux conservations d'hypothèques,

Aujourd'hui, la femme qui n'est pas empêchée par les conditions civiles de son mariage (et, à cet égard, nous ne voyons aucun obstacle ni dotalité partielle et éventuelle dans la clause de reprise d'apport franc et quitte insérée dans un contrat de mariage sous le régime de la communauté, avec l'addition complémentaire que la femme pourra en profiter même dans le cas où elle se serait obligée ou aurait été condamnée solidairement avec son mari, clause dont la portée, au point de vue des praticiens qui la rédigent, de ceux qui l'enseignent (Massé, *Parfait Notaire*, t. III, p. 179; - *Dict. du Notariat*, v° *Cont. de Mariage.* - Massé et Lherbette, *Style du Not.*, t. VIII, p. 268; - M. Ed. Clerc, 1re part., p. 366), et qui n'admettent point une telle interprétation, nous paraît parfaitement appréciée par M. Paul Pont, *Revue critique de Légis. et de Juris*, t. IX, p. 289, et par M. Berger, notaire à Bourganeuf [Creuse], *Journal des Notaires et des Avocats*, art. 15950), ou qui a recouvré la plénitude de ses droits par le veuvage (M. Troplong, n° 337) est habile à faire les mêmes cessions, subrogations et renonciations que par le passé, pourvu que les actes soient faits devant notaires, alors même qu'il s'agirait de la cession de sa créance (M. Troplong, n°s 332 et s.; - M. Ducruet, n° 40, et si elle est représentée dans ces actes par des mandataires que les procurations soient authentiques (C. cassation, 7 février 1854; M. Ducruet, n° 39). Les cessionnaires n'en sont saisis à l'égard des tiers que par l'inscription de l'hypothèque légale de la femme prise à leur profit, ou par la mention de la subrogation en marge de l'inscription préexistante. Il y a deux moyens à employer pour cette manifestation :

Le premier moyen suppose qu'il n'y a pas d'inscription d'hypothèque prise uniquement au profit de la femme, ou que le créancier subrogé ne l'a pas connue ou qu'il l'a trouvée irrégulière et n'a pas voulu l'utiliser par le second moyen (M. Pont, *Revue critique de législation et de jurisprudence*, t. IX, p. 97 et s.), et alors il consiste à requérir, conformément à l'article 2153 du Code Napoléon, inscription de cette hypothèque légale au profit du créancier comme subrogé à concurrence de sa créance et par tel acte authentique dans l'effet de cette hypothèque contre le mari débiteur, pour sûreté des droits matrimoniaux, reprises et créances de la femme, indéterminés, conditionnels ou éventuels, ce qui est le propre de ce qui peut s'évanouir par des imputations (M. Niobey, notaire, *Journal du Notariat*, n° 1146, du 4 juin 1846; - M. Pont, *Revue critique*), à moins que le tout ne soit, après dissolution de communauté, déterminé par une liquidation, sur tous les biens présens et à venir du

bureaux d'enregistrement, greffes de tribunaux, secréta-

mari, ou sur tel immeuble spécial. Pour assurer la radiation d'une telle inscription sur la simple main-levée du créancier, et se mettre en garde contre la prétention de certains conservateurs qui considèrent l'inscription ainsi faite comme profitable à la femme elle-même, il convient d'expliquer qu'elle est requise seulement dans l'intérêt du créancier. La subrogation consentie par la femme ayant lieu le plus souvent par un acte constitutif d'une hypothèque conventionnelle, il s'en suit que les deux hypothèques sont à inscrire à la fois. Suivant un usage suivi par bon nombre de notaires, que nous pratiquons nous-même depuis plus de quinze ans, et qui semblerait avoir donné naissance à la première alternative de l'article 9 de la loi, cette double inscription peut être faite par un seul et même bordereau (M. Troplong, no 343 : – M. Ducruet, no 42 ; – Chambre des Notaires de Paris, *Observations pratiques sur la loi du 23 mars 1855* ; – M. Paul Pont, *Revue critique*), moyennant un seul droit et sous un seul numéro du registre (T^{al} Lyon , 1er juin 1856 ; *Contrôleur de l'Enregistrement*, article 10784), en exprimant que l'inscrivant agit dans la double qualité de créancier direct et de subrogé par tel acte authentique dans les droits , reprises et créances de la femme, et dans l'effet de son hypothèque légale et en se préoccupant principalement des dispositions de l'article 2148 du Code Napoléon, comprenant toutes celles qui, dans l'article 2155 du même Code, paraissent essentielles (M. Pont, *Revue critique*). Il semblerait suffire aussi de mentionner au pied d'un bordereau dressé en conformité de l'article 2148 du Code Napoléon, et par un autre usage plus général, le fait de la subrogation à l'hypothèque légale de la femme, consentie par elle dans l'acte motivant l'inscription conventionnelle, et de s'en référer de la sorte à des énonciations qu'il serait superflu de reproduire à peu près textuellement (M. Pont, *Revue critique* ; mais , malgré les raisonnemens solides sur lesquels s'appuie cette manière d'opérer, la prudence commande aux notaires de ne pas perdre de vue que la Cour de cassation l'a repoussée par son arrêt du 4 février 1856. Il est évident qu'il y aurait le double de frais de toutes sortes, et de graves inconvéniens pour le mari débiteur, à faire inscrire les deux hypothèques séparément, soit par par un bordereau collectif, soit par deux bordereaux distincts (M. Ducruet, no 42 ; – M. Pont, *Revue critique*). Mais malheureusement, et à cause d'une doctrine qui n'est fondée sur aucune pratique antérieure et qui soulève des doutes, le créancier subrogé peut à cet égard se montrer exigeant.

Le second moyen consiste à déposer à la conservation des hypothè-

riats de sous-préfecture et de mairie, chambres de notaires

ques l'extrait de l'acte où se trouve la subrogation et à requérir le conservateur d'en établir la mention en marge de l'inscription d'hypothèque légale déjà prise au profit de la femme, ou d'une pareille inscription requise à l'instant. Cette manière d'opérer peut s'exécuter sans entrave, si tous les conservateurs consentent à se passer des date, volume et numéro de l'inscription, trois indications dont une seule suffit à quelques-uns d'entr'eux peut leur faire refuser de mentionner une subrogation ordinaire, mais elle est plus coûteuse que l'inscription faite au profit du créancier ; dans le cas où le subrogé devra inscrire en même temps une hypothèque conventionnelle elle ne cessera pas d'être plus coûteuse encore, puisqu'il y aura deux inscriptions faites par des bordereaux séparés et mention de subrogation justifiée par la production d'un extrait. Ce moyen entraîne tous les inconvéniens et frais, présens et futurs, des inscriptions multiples.

Les dates des inscriptions et mentions déterminent l'ordre dans lequel ceux qui ont obtenu des cessions, subrogations et renonciations exercent les droits hypothécaires de la femme (article 9 . C'est encore ici le fait de l'accomplissement des formalités à remplir à la conservation des hypothèques qui l'emporte sur la date des actes, contrairement à ce qui avait lieu autrefois et à ce qui existe toujours et malgré les inconvéniens qui en résultent pour les cessions d'hypothèques ordinaires (M. Troplong, n° 544). Si plusieurs cessionnaires de dates différentes ont accompli les formalités le même jour, ils viendront en concurrence (C. N. 2147 ; – M. Troplong, n° 559 ; – M. Bressolles, n° 106).

La question la plus importante en cette matière, au point de vue pratique, est celle dont on s'est le moins préoccupé dans les ouvrages publiés jusqu'à ce jour ; cela s'explique par la préférence que la doctrine accorde toujours aux abstractions : il s'agit de savoir comment il faut s'y prendre désormais pour purger les biens aliénés par le mari, de l'hypothèque légale de la femme, lorsque celle-ci a le pouvoir et la volonté de les en affranchir. Autrefois, cette femme n'ayant point son hypothèque inscrite, garantissait solidairement la vente faite par son mari, et cette garantie envers l'acquéreur, comme la renonciation expresse à son hypothèque en faveur de ce dernier, était considérée comme équivalent à l'aliénation de son hypothèque légale sur les biens vendus, en ce sens qu'elle mettait l'acquéreur à couvert de toute surenchère de sa part et de la part de ses subrogés postérieurs à la vente. Cette femme conservait le droit de faire valoir son hypothèque lors de la distribution

et d'avoués, quand à l'avance on sait l'endroit où les pren-

ou du paiement du prix ; lorsque sa garantie solidaire était continuée dans l'acte portant quittance ou cession de ce même prix, l'immeuble était par là entièrement libéré de son hypothèque, à moins qu'antérieurement elle n'y eût subrogé quelqu'un ; si cette hypothèque était inscrite, elle donnait main-levée de l'inscription avec désistement de son droit.

C'est dans ces conditions que chaque année des mutations avaient lieu, par plus d'un million d'actes sans recourir, soit aux formalités prescrites par l'article 2194 du Code Napoléon, qui, ainsi que nous l'avons dit plus haut, sont inapplicables aux 98 centièmes des contrats, soit aux dispositions non moins onéreuses de l'article 2144 du même Code.

Malgré la controverse qui peut surgir des textes, nous estimons qu'il y a toujours lieu de faire renoncer la femme à son hypothèque légale en faveur de l'acquéreur et sur l'immeuble vendu, ou de lui faire garantir solidairement la vente faite par son mari (M. Grosse, n° 283 ; — M. Coin-Delisle, *Consultation du 10 août 1856*). Si ce moyen était inefficace ; si dans ce cas la renonciation était proclamée translative au lieu d'extinctive ; si on lui attribuait les mêmes effets quand elle aurait ainsi pour but d'affranchir l'immeuble vendu, ce qui n'a été le sujet d'aucune réclamation, que quand elle serait faite pour y asseoir les droits des créanciers subrogés, et en assurer le rang et l'usage, ce qui a donné lieu à de déplorables abus, auxquels la loi a pour but de remédier ; si l'acquéreur était obligé de faire connaître cette renonciation, soit par une inscription à son profit sur l'immeuble par lui acquis (M. Alexis Leroux, avocat à la Cour de cassation, *Contrôleur* de l'Enregistrement, art. 10689), chose qui serait sujette à des inconvéniens et passablement singulière, soit par une inscription d'hypothèque légale au nom de la femme, en y mentionnant cette renonciation en faveur de l'acquéreur d'un immeuble désigné, et en ne grevant que les autres biens du mari (M. Ducruet, n° 42), soit enfin par une inscription au profit de la femme en la faisant ensuite émarger de la renonciation M. Hervieu, *Journal des Conservateurs*, tome II, page 296) ou de la radiation partielle, en conséquence d'un désistement ultérieur et spécial : si la prise de ces inscriptions obligeait à leur renouvellement décennal (M. Leroux, *Contrôleur*, art. 10689 ; — M. Ducruet, n° 42) ; si leur défaut exposait l'acquéreur aux atteintes des subrogés postérieurs, la loi du 23 mars 1855 serait, à cet égard, pour la société, mille fois plus funeste que l'état de choses antérieur. Il nous est par conséquent difficile de supposer que la pensée du législateur sur ce point

dre, mais encore beaucoup d'autres ; par conséquent, loin
de nuire à la libre circulation de la propriété et à l'acti-
vité des affaires, elle les favoriserait d'une façon inconnue
jusqu'à ce jour.

Après avoir énuméré les avantages particuliers du système proposé, en reproduisant d'une manière succincte
les principaux effets de l'inscription de titre, il nous tarde
d'arriver aux moyens d'application, et de constater la facilité avec laquelle il nous semble possible de les mettre
en œuvre.

Ainsi qu'on l'a déjà vu, nous demandons en premier
lieu la régularisation, au profit du public, des sept tables

---

soit contenue dans l'article 9 de la loi ; nous croyons au contraire
qu'il a seulement eu en vue les conventions ordinairement faites
par une femme en faveur des créanciers de son mari au sujet de
son hypothèque légale, et qu'il n'a aucunement envisagé la position
d'un acquéreur au profit duquel une femme aurait renoncé ou se
serait engagée. Ceci nous paraît ressortir de l'article lui-même lorsqu'il prévoit le cas où les cessionnaires exerceront un jour suivant
leur rang, les droits hypothécaires de la femme ; or, ce jour vient
immédiatement après la vente de l'immeuble, et à l'occasion de la
distribution et du paiement de son prix ; c'est-à-dire que ces droits
s'exercent sur l'acquéreur et nullement à son profit, puisqu'il est
débiteur ; ce dernier n'a donc pas besoin d'un rang quelconque ; il
n'a que le désir de payer à bon escient ; la femme est restée libre
de lui en faciliter les moyens et d'annuler complètement son hypothèque inscrite ou non sur l'immeuble vendu. Le créancier subrogé
étant assujetti à la règle de publicité à l'égard des tiers, ne peut
opposer à cet acquéreur les droits qu'on lui a transmis que s'il les
a rendus publics avant la transcription (M. Grosse, n° 283). Cette
manière de considérer la chose rentre parfaitement dans ce qui se
passe pour les hypothèques légales du légataire sur les biens de la
succession, de l'État, des communes et des établissemens publics
qui ne sont pas dispensés de l'inscription (C. N. 2121, 2134 et
2133. Il s'agit du reste ici d'un principe d'une grande importance,
et il ne faut pas oublier qu'en pratique et en doctrine comme en
politique, en législation et en jurisprudence, les questions de cette
nature se décident par leurs conséquences.

de chaque bureau d'enregistrement, et leur simplification à l'instar du répertoire des hypothèques, au profit de l'administration elle-même. Nous avons monté ci-dessus le registre matricule en vertu d'un décret impérial ; toutefois, comme il ne s'agirait pas en l'occurence d'un changement capital, il est évident qu'une telle mesure pourrait être l'unique objet d'une décision ministérielle. Nous allons exposer ici que la direction générale de l'enregistrement n'a jamais rien écrit qui puisse s'opposer à ce qu'une telle décision soit prise.

Chacun sait que M. Martin (du Nord), ministre de la justice, avait, par une lettre du 13 décembre 1842, à son collègue des finances, adressé à l'administration supérieure de l'enregistrement, entr'autres questions, les suivantes :

« Quelques Cours ont signalé à l'attention du gouver-
« nement un système de publicité qui s'appuie sur la
« fusion, en une seule administration, des contributions
« directes, de l'enregistrement, des hypothèques et du
« cadastre. Ce système n'est-il pas impraticable en tout
« ou en partie ? Quels seraient, d'ailleurs, ses avantages
« et ses inconvéniens au point de vue administratif et
« financier ? »

Il s'agissait, au fond, de l'examen du système proposé par M. Loreau, directeur de l'enregistrement et des domaines à Poitiers ; la complexité de ce système en rendait la réfutation très facile, et l'administration se trouvait ainsi chargée de la faire ; elle s'appliqua à démontrer :

1° Que le premier inconvénient était de faire intervenir l'administration dans les intérêts privés ; de transformer en quelque sorte ses agens en hommes d'affaires des particuliers, et de créer une responsabilité divisible entre les diverses personnes qui seraient en même temps chargées de l'opération hypothécaire ;

2° Qu'une des difficultés de tout régime hypothécaire

basé sur le principe d'une complète publicité serait toujours de déterminer, autrement que par une désignation vague et générale (1), les actes qui seraient sujets à l'inscription, par comparaison à celle qui existe aujourd'hui pour connaître ceux qui, aux termes de la loi du 28 avril 1816, sont *de nature à être transcrits au bureau des hypothèques ;*

3° Qu'il y aurait des inconvéniens à remplacer les registres, aujourd'hui cotés et paraphés, par des feuilles volantes que les conservateurs réuniraient sous une reliure mobile, conformément au système de M. Loreau ;

4° Que le procédé emprunté aux usages mis en pratique par l'administration, et consistant à faire le renvoi par la poste de l'extrait des actes au bureau de la situation des biens ou du domicile des parties, n'aurait plus pour objet de fournir de simples renseignemens à inscrire sur les tables ; qu'on ne pouvait raisonnablement comparer la valeur de ces documens, aujourd'hui purement administratifs, à celle qui leur serait attribuée et devrait, ou valider une mutation d'immeubles vis-à-vis les tiers, ou fixer le rang des créanciers, ou régler les droits des femmes et des mineurs sur les biens des maris et des tuteurs.

Il ressort parfaitement de toutes les observations (2) de la direction générale, qu'elle repousse exclusivement la fusion de l'enregistrement et des hypothèques en une seule administration, et l'adoption du système de M. Loreau, en ce qu'il aurait pour objet de proscrire la transcription littérale des titres et l'inscription des créances. « Elle n'a point à considérer, dit-elle (3), le plan d'orga-

(1) Cette désignation vague et générale était demandée par M. Duclos, lors de la discussion de la loi du 23 mars 1855.

(2) Ces observations ont été discutées par M. le marquis d'Audiffret, dans son écrit *de la Libération de la Propriété*, p. 16.

(3) Documens officiels, t. III, p. 534, 535.

« nisation en ce qu'il concerne la réforme hypothécaire.
« M. le garde-des-sceaux a consulté seulement sur les
« avantages et les inconvéniens qu'il présenterait au point
« de vue administratif et financier. » Partant, elle n'a rien
préjugé contre nous, qui avons toujours demandé la conservation (1) des deux administrations, et qui ne demandons encore que l'appropriation des tables actuelles et
des renseignemens qu'elles comportent aux besoins
communs du public et de la régie ; c'est ce qui nous a
fait dire (2) qu'improuver notre théorie, ce serait procla-
mer la puérilité de ses usages et méconnaître la simplicité
d'une mesure que tout le monde peut grandement apprécier ; c'est ce qui nous fait regretter qu'elle n'ait pas été
requise de formuler son opinion sur les avantages que
l'on tirerait des nombreuses inscriptions de titres qui se
font aujourd'hui sous le nom de chacun, et suivant le
caractère ou la nature des actes, sur diverses tables au
bureau d'enregistrement de son domicile, lorqu'elles seraient groupées, pour chaque individu, sur une feuille
de registre, de manière à pouvoir être facilement
consultées.

Nous n'attendrons pas, pour y répondre, qu'on nous
fasse une objection tirée de ce que la règle (3) qui gou-
verne actuellement les bureaux d'enregistrement, à l'égard
des tiers, n'est pas la publicité. Cet état de choses n'a rien

(1) Il ne nous a jamais paru convenable de désirer la désorgani-
sation d'un service qui, jusqu'en 1841, a rapporté au trésor de l'État
environ 250 millions par an.

(2) *Réforme hypothécaire*, p. 80.

(3) « Les receveurs de l'enregistrement ne pourront délivrer d'ex-
« traits de leurs registres que sur une ordonnance du juge de paix,
« lorsque ces extraits ne seront pas demandés par quelqu'une des
« parties contractantes ou leurs ayant-cause (Loi du 22 frimaire
« an VII, article 58). »

qui contrarie nos vues ; il peut être entièrement maintenu. Du moment que les parties, leurs mandataires ou ayant cause, continueraient d'avoir un accès facile dans les bureaux pour l'obtention de la matricule et les additions postérieures qui seraient requises, nous serions pleinement satisfaits. La connaissance particulière qui résulterait pour nous de la simple communication de la matricule dans la marche quotidienne des affaires, nous instruirait d'une façon plus rapide, plus sûre et moins coûteuse que les états, certificats et perquisitions que les frais empêchent du reste de rassembler, et qui, dans leur complexité, ne constituent qu'une publicité incomplète et diffuse. D'un autre côté, si une personne voulait sauver les apparences en cachant l'existence de certains faits consignés dans sa matricule, elle serait libre de s'abstenir de passer des actes pour lesquels la présentation de cette matricule serait nécessaire ; mais enfin nous ne comprendrions pas que pour ménager la susceptibilité des personnes, la société sacrifiât des intérêts considérables et légitimes ; son devoir nous paraît être au contraire de multiplier les précautions qui tendent à moraliser les transactions et les individus ; il nous a toujours semblé plus convenable de prévenir que de réprimer ; sans doute il est philosophique et moral de s'en rapporter à la bonne foi des gens, mais on a le tort irréparable d'avoir agi de confiance quand à la place on rencontre l'improbité.

Nous demandons en second lieu que l'individualité des personnes intéressées dans les actes, jugemens et arrêts, ne résulte plus que des inscriptions sur la matricule (1).

(1) Cette pièce n'a rien qui paraisse extraordinaire ; elle rentre au contraire dans l'application des lois des 1er février-28 mars 1792 et 10 vendémiaire an IV, qui veulent que nul ne puisse quitter le territoire de son canton sans être porteur d'un passe-port signé par le maire de la commune ou le préfet de son département, et elle supplée-

Nous n'avons pas hésité plus haut à faire rentrer cette

rait en quelque sorte à cette disposition. D'un autre côté, son utilité
a été signalée, à un point de vue particulier, en 1851, par M. de
Vatimesnil, rapporteur de la commission chargée d'élaborer le projet
de loi sur l'administration intérieure :

« La commission, disait-il, s'est demandé s'il ne convenait pas
« de constituer en quelque sorte la commune par l'institution d'un
« registre contenant l'indication de la situation politique et civile de
« tous les membres de la communauté. Dans ce système, on inscri-
« rait sur le registre les événemens desquels dépendrait l'existence,
« la capacité ou le domicile de chaque individu ; sa naissance, son
« mariage, ses changemens d'habitation, les condamnations qu'il
« pourrait subir. Lorsqu'il s'agirait de droits ou d'avantages commu-
« naux, le registre renfermerait la preuve des faits qui leur servi-
« raient de base.

« Une des plaies de notre société moderne, c'est que cette société
« ne se compose pour ainsi dire que d'individualités. On ne tient à
« rien de fixe et de permanent ; chacun est comme isolé et perdu au
« milieu d'une foule étrangère et indifférente. C'est peut-être à cet
« état de choses qu'il faut attribuer, du moins en partie, les fluctua-
« tions, les reviremens, les mouvemens tumultueux qui, à des in-
« tervalles rapprochés, nous entraînent dans des sens diamétrale-
« ment contraires. Si les anciennes corporations avaient leurs incon-
« véniens, elles avaient aussi leurs avantages. Elles formaient un
« lien entre les hommes ; on se trouvait soutenu et dirigé ; on avait
« des exemples et des traditions ; on trouvait des secours et des
« conseils. Maintenant, pour la plupart des citoyens, il ne peut plus
« guère exister qu'une seule corporation, c'est la commune. Il faut
« donc s'efforcer de lui donner toute la fixité, toute l'homogénéité,
« toute la cohésion possible. Un des moyens d'y parvenir, ce serait
« l'établissement d'un registre désigné sous le nom de registre ma-
« tricule, et qui constituerait le livre permanent de l'association com-
« munale. On y trouverait à la fois son état actuel et l'indication de
« tous les mouvemens que son personnel aurait subis dans le passé.
« Chacun pourrait dire : J'appartiens à telle commune, je suis ins-
« crit sur son registre ; mes titres communaux et civiques y sont
« consignés ; c'est par ce point que je tiens au sol de la patrie.

« L'établissement du registre matricule aurait donc, indépendam-
« ment de son utilité administrative, un caractère moral qui nous
« paraît incontestable. Il poserait une ligne de démarcation entre les
« hommes qui ont réellement un foyer domestique et cette population
« vagabonde qui, ne se rattachant à rien, n'aurait pas le droit de

nouvelle et grande mesure d'ordre social dans les propo-
sitions extraordinaires d'un ministre et les inspirations (1)
qui peuvent concourir à la gloire d'un souverain. Nous
recherchons en effet le moyen le plus expéditif d'obtenir
la prompte réalisation d'un système que nous considérons
comme étant la mise en action la plus simple, la plus
fertile en conséquences morales, et la plus rationnelle des
principes du Code Napoléon. Avant de le préconiser avec

« se plaindre de ce qu'on la laisserait dans l'état d'isolément et de
« déchéance qu'elle s'est fait à elle-même. Ce registre étant destiné
« à constater, pour chaque individu, la qualité de membre de la
« communauté, servirait de titre, soit en faveur de ceux qui y figu-
« reraient, soit contre eux, selon qu'il s'agirait des avantages ou des
« charges de cette communauté.

« Tels sont les motifs d'après lesquels la commission a l'honneur de
« vous proposer la création d'un registre matricule dont on trouve
« la pensée primitive dans le registre civique prescrit par les consti-
« tutions de l'an III (art. 8), et de l'an VIII (art. 3), mais qui sera
« préférable à ce registre, d'abord parce que celui-ci n'était pas
« communal, et en second lieu, parce que ni les femmes ni les
« enfans n'y figuraient. Dans le système de la commission, le registre
« matricule doit, au contraire, comprendre tous les membres de la
« communauté. » De plus, la matricule, en servant à l'inscription
des actes qui aujourd'hui sont isolés et pour ainsi dire perdus dans
l'espace, serait donc, pour chaque individu, comme une espèce de
répertoire, et ce répertoire offrirait, pour lui et sa famille, le même
avantage que celui des notaires procure à la société.

(1) « C'est être déjà pour beaucoup dans une œuvre que de l'avoir
« inspirée. Les hommes restés célèbres parmi ceux qui ont paru sur
« le trône n'ont eu le plus souvent que cette part dans les gran-
« des choses qui se sont faites de leur temps, et elle a suffi pour
« leur gloire. Les créations de Colbert comptent à Louis XIV. Les
« ordonnances auxquelles on travailla sous le règne du grand roi na-
« quirent, comme tant d'autres beaux ouvrages, du mouvement
« extraordinaire qu'il avait imprimé aux esprits et de ce merveilleux
« spectacle que la France offrait alors au monde. Sous ce rapport, on
« ne fut que juste quand on donna, comme on le fit d'abord, à l'or-
« donnance de 1667, le nom de *Code Louis* (Discours prononcé à
« l'audience de rentrée de la Cour de cassation, le 3 novembre 1855,
« par M. Nicias Gaillard, premier avocat général). »

cette assurance, nous l'avons souvent exposé, depuis plus de dix ans, à des magistrats, à des hommes d'affaires et à des cliens, sans oublier de leur parler des millions (1) qu'il rapporterait au trésor public, et par conséquent des charges qu'il imposerait à la propriété. Nous avons toujours été frappé de la facilité avec laquelle chacun le comprenait, et des dispositions de tous à l'accueillir comme un bienfait et à payer avec plaisir les frais d'une agréable et générale sécurité.

Nous avons développé les dangers qui naissent de la loi du 23 mars 1855, pour mieux asseoir les fondemens des réformes administratives que nous présentons comme de nature à les conjurer. Ces dangers sont trop palpables et trop inquiétans pour que les notaires ne nous prêtent pas, dans l'occurrence, le ferme appui d'un désir commun et d'un concours intelligent. Ils sont intéressés, au moins à l'égal du gouvernement, à empêcher par de simples mesures que les inconvéniens de la loi ne l'emportent sur ses avantages, et qu'on ne puisse promptement lui appliquer ce qui a été dit (2) fort à propos de la loi de l'an VII, dont elle est, à quelques variantes près, la reproduction.

Nous terminons en transcrivant les principes généraux que nous avons cru devoir consulter, et auxquels nous nous nous sommes efforcé d'être fidèle dans l'expression

(1) Les matricules seraient délivrées au prix d'un franc chacune à au moins 5 millions d'individus par an, pendant les premières années ; elles rapporteraient en timbre, pour leur délivrance, 6 millions 250 mille francs, pareille somme en timbre pour les extraits de naissance à fournir ; il y aurait au moins 10 millions d'inscriptions par an à un franc chacune ; total 27 millions 500,000 francs prélevés sur une population reconnaissante.

(2) La Cour de cassation, dans ses observations sur le régime hypothécaire, t. II, p. 152, dit que l'exécution du système de publicité de la loi de l'an VII a soulevé la France entière, qu'il a succombé sous le nombre des abus et sous le poids des réclamations.

de nos désirs ; ils sont tirés d'un ouvrage (1) qui mérite, à tous égards, la faveur immense avec laquelle il a été accueilli dès sa publication :

« L'équité donne pour base aux Codes qu'elle formule
« la liberté et l'égalité, les sentimens de la nature, les
« affections spontanées de l'homme, les inspirations de la
« droite raison. »

(1) *De l'Influence du Christianisme sur le Droit civil des Romains*, par M le premier président Troplong, p. 18.

Niort. — Imprimerie de L. FAVRE et Cⁱᵉ.

Niort.— Imprimerie de L. Favre et Cie.